陕西省"一带一路"知识产权语言服务人才培养中心资助项目

U1070370

WUKELAN ZHISHICHANQUAN FAZHAN BAOGAO

乌克兰知识产权发展报告

田卓景雯 译著

知识产权出版社
全国百佳图书出版单位
—北京—

图书在版编目（CIP）数据

乌克兰知识产权发展报告/田卓景雯译著．—北京：知识产权出版社，2020.9
ISBN 978-7-5130-7157-4

Ⅰ.①乌…　Ⅱ.①田…　Ⅲ.①知识产权—研究报告—乌克兰　Ⅳ.①D951.133.4

中国版本图书馆 CIP 数据核字（2020）第 170735 号

内容提要

本书从乌克兰国家基本情况、乌克兰知识产权法及其保护体系、工业产权申请与注册的资格审查、乌克兰国家知识产权局职能介绍、工业产权申请审查信息支持、信息技术实现、知识产权领域的法律保护与支持、公众获取知识产权信息的途径、专业技能提升与培训等方面全面介绍了乌克兰知识产权发展情况。

责任编辑：李　婧　　　　**责任印制**：孙婷婷

乌克兰知识产权发展报告

田卓景雯　译著

出版发行：	知识产权出版社有限责任公司	**网　　址**：	http://www.ipph.cn http://www.laichushu.com
电　　话：	010-82004826		
社　　址：	北京市海淀区气象路 50 号院	**邮　　编**：	100081
责编电话：	010-82000860 转 8594	**责编邮箱**：	laichushu@cnipr.com
发行电话：	010-82000860 转 8101	**发行传真**：	010-82000893
印　　刷：	北京建宏印刷有限公司	**经　　销**：	各大网上书店、新华书店及相关专业书店
开　　本：	720mm×1000mm　1/16	**印　　张**：	7.25
版　　次：	2020 年 9 月第 1 版	**印　　次**：	2020 年 9 月第 1 次印刷
字　　数：	100 千字	**定　　价**：	38.00 元

ISBN 978-7-5130-7157-4

目　录

Contents

第一章

乌克兰国家基本概况

“乌克兰”一词最早见于《罗斯史记》，意为“边陲之地”。乌克兰位于欧洲东部，东接俄罗斯，南濒黑海，北与白俄罗斯毗邻，西与波兰等国相连。其地理位置十分重要，处于地缘政治交叉点。

乌克兰民族大体形成于15世纪。1654年东乌克兰并入俄国，西乌克兰在俄国内部取得自治权。随后18世纪90年代西乌克兰也并入俄国。1917年12月12日，乌克兰建立了乌克兰苏维埃社会主义共和国。1918年至1920年，由于外国武装力量干涉，西乌克兰被波兰占领。1922年苏联成立，东乌克兰加入联盟，成为苏联创始国之一。随后，西乌克兰与乌克兰苏维埃社会主义共和国于1939年11月合并。1991年8月24日，乌克兰脱离苏联，宣布独立，并改国名为乌克兰。1996年6月28日，乌克兰议会通过独立后的第一部宪法，确定了乌克兰为主权独立的民主法治国家，并实行共和制。从此，乌克兰宪法为其后发展的知识产权保护体系提供了根本的立法权力来源，并且为此后乌克兰作为独立主权国家加入各项知识产权保护国际公约提供了政治基础和保障。

1991 年 12 月 27 日，中国承认乌克兰独立，是最早承认乌克兰主权独立的国家之一，并于 1992 年 1 月 4 日正式与乌克兰建立外交关系。2001 年中国与乌克兰建立全面友好合作关系，并于 2011 年共同宣布建立战略伙伴关系。2011 年至今，中国和乌克兰两国在各领域友好互利合作发展迅速。2017 年 1 月，习近平主席在瑞士达沃斯世界经济论坛年会期间会见乌克兰总统波罗申科。2017 年 5 月，乌克兰第一副总理兼经贸部部长库比夫来华出席“一带一路”国际合作高峰论坛，马凯副总理同其会见。2017 年 12 月，马凯副总理赴乌克兰主持召开中乌政府间合作委员会第三次会议，其间分别与乌总统波罗申科、总理格罗伊斯曼、第一副总理兼经贸部部长库比夫举行会见会谈。两国在此期间共同建立和发展了良好的双边合作机制，正式启动了委员会机制，并且分别于 2011 年、2013 年、2017 年召开了中乌政府间合作委员会会议。委员会下设经贸、农业、航天、科技、文化、教育、卫生 7 个分委会和秘书处。

乌克兰是世界第三大粮食出口国，有着“欧洲粮仓”的美誉，其农业生产总值占国内生产总值的 20%。乌克兰同 200 多个国家和地区有不同程度的贸易联系。据乌克兰海关部门统计，2018 年 1—10 月，乌克兰货物进出口总额为 852.6 亿美元，比上年同期增长 13.6%。其中，出口额为 388.2 亿美元，同比增长 10.2%；进口额为 464.4 亿美元，同比增长 16.6%。贸易逆差 76.2 亿美元，同比增长 65.6%。这一时期，乌克兰与中国的双边货物贸易额为 77.3 亿美元，同比增长 26.3%。其中，乌克兰对中国出口 16.5 亿美元，同比增长 4.3%，占其出口总额的 4.3%，比上年同期下降 0.2 个百分点；乌克兰自中国进口 60.8 亿美元，同比增长 34.0%，占其进口总额的 13.1%，比上年同期提高 1.7 个百分点。乌克兰对中国贸易逆差为 44.3 亿美元，同比增长 49.9%。截至 2018 年 10 月，中国是乌克兰第七大出口市场和第二大进口来源地。[1] 目前，中国为乌克兰第一大贸易伙伴。近年来乌克兰制订了促进乌克兰发展的出口计划，根据《乌克兰2017—2021年贸易战略发展路线图》，中国将有望位列乌克兰出口市场前20强中的第2位。中国与乌克兰自建交以来，两国关系发展平稳，并且两国确有很强的贸易需求，中乌的经贸合作会必然会继续深化。根据相关数据显示，乌克兰自中国进口的产品主要集中在机电和化工等具有高知识产权密度领域，因此，在两国贸易的往来中，我们必然需要了解学习乌克兰的法律，尤其是其知识产权法及其保护体系，进而保护我国的合法权益。

[1] 数据来源于中华人民共和国商务部。

第二章

乌克兰知识产权法及其保护体系

乌克兰国家知识产权局办公楼

❶ 本页以及本书中的图片均来源于乌克兰国家知识产权局官网，https://ukrpatent.org/en。

对乌克兰而言，全国性的法律框架建设以及知识产权保护体系的完善正进入尾期，形成被国际普遍接受的知识产权保护方式。21 世纪，对于乌克兰以及任何一个国家而言，知识产权在国际经济增长中都占有举足轻重的地位，这决定了其发展创新战略。就乌克兰而言，在此战略中非常重要的一点就是强调国家法律框架的发展，其中包括建立更全面的国内法律体系、加入更多的与知识产权相关的国际公约，使得这些国际公约也成为乌克兰立法体系的一部分。

1996 年 6 月 28 日颁布的乌克兰宪法曾于 2004 年 12 月 8 日和 2010 年 9 月 30 日进行两次修订。乌克兰宪法第 41 条第 1 款及第 54 条第 1 款与第 2 款确定了其保护知识产权的法律权力来源：“保护拥有、使用和处分由治理创造活动中获得收益的权利。保障文学、艺术、科学、技术、创意活动、工业产权、著作权和邻接权的自由。”另外，乌克兰宪法第 11 条第 54 款及第 66 款规定传统文化表达受法律保护；第 13 条、第 16 条和第 66 条规定遗传资源受法律保护；第 31 条及第 34 条保护关于诉讼安全的不公开信息；第 42 条规定反对不正当竞争。

乌克兰至今颁布的与知识产权保护相关的法律法规如下（非详尽）：

（1）《乌克兰行政违法行为法典》（1984 年 12 月 7 日颁布）；

（2）《植物新品种保护法》（1993 年 4 月 21 日颁布、2014 年 3 月 2 日修订）；

（3）《发明及实用新型保护法》《外观设计保护法》和《商品及服务商标保护法》（均为 1993 年 12 月 15 日颁布、2012 年 12 月 5 日修订）；

（4）《著作权及邻接权法》（1993 年 12 月 23 日颁布、2012 年 12 月 5 日修订）；

（5）《电视和无线电广播法》（1993 年 12 月 21 日颁布、

2014 年 3 月 2 日修订)；

(6)《反不正当竞争法》(1996 年 6 月 7 日颁布)；

(7)《广告法》(1996 年 7 月 3 日颁布、2014 年 4 月 26 日修订)；

(8)《出版法》(1997 年 6 月 5 日颁布、2013 年 5 月 16 日修订)；

(9)《集成电路布图设计保护法》(1997 年 11 月 5 日颁布、2012 年 12 月 5 日修订)；

(10)《职业创作者及创作者工会法》(1997 年 11 月 7 日颁布、2012 年 12 月 12 日修订)；

(11)《电影艺术法》(1998 年 1 月 13 日颁布)；

(12)《商品原产地命名商标权保护》(1999 年 6 月 16 日颁布)；

(13)《视听作品、录音、录像、计算机程序及数据库等复制品分配法》(2000 年 3 月 23 日颁布、2018 年 10 月 4 日修订)；

(14)《乌克兰刑法典》(2001 年 4 月 5 日颁布)；

(15)《关于与激光磁盘生产、进口及出口相关经济活动的国家管制法》(2002 年 1 月 17 日颁布、2013 年 8 月 11 日修订)；

(16)《乌克兰海关法典》(2002 年 7 月 11 日颁布)；

(17)《乌克兰民法典》《乌克兰商法典》(均为 2003 年 1 月 16 日颁布)；

(18)《民间艺术品法》(2004 年颁布)；

(19)《技术转移活动国家管制法》(2006 年 9 月 14 日颁布)；

(20)《经济法典》《外商投资管理法》《企业利润征税法》《经济诉讼法典》《经济组织法》《行政侵权法典》《劳工法典》《刑事诉讼法典》等(均为 2010 年修订颁布)；

(21)《国家针对支持电影艺术的相关法律法规》(2017 年 4 月 26 日颁布)。

由此可见，乌克兰针对知识产权保护的规范性文件在不断地完善。这其中比较重要的立法行为是在2008年12月颁布的针对于乌克兰《反不正当竞争法》第4条关于非法使用名称的法律重述。此法律重述为打击平行进口提供了有力的法律保障。对第4条的法律重述规定，未经相关商业个体的许可，使用该商业个体已在其商业活动中使用的商业名称、商标或服务商标、其他名称和与之相似名称商标，并导致或可能导致在商业活动中混淆相关大众的行为，属于违法行为。

值得指出的是，在2005年修订了《光盘许可证法》之后，乌克兰针对盗版光盘生产和出口采取了一系列行动。2006年乌克兰颁布了新的海关法案，为进一步打击假冒商品进出口贸易提供了具体措施和法律依据。乌克兰于2008年5月16日正式加入了世界贸易组织（WTO），成为该组织的第152个成员。由此可见，乌克兰已经形成符合TRIPs协议基本要求的，包括法律、法规、法律实施细则以及执法体制等内容的知识产权法律保护体系；同时，作为WTO的一员，乌克兰正在向欧美等发达国家靠拢，力图融入全球经贸体系之中。

加入WTO和TRIPs协议是乌克兰在知识产权领域的极大进步。2011年，乌克兰国家知识产权部变更为国家知识产权服务部，成为乌克兰知识产权领域的中央执行机构。这种变化昭示了知识产权保护在乌克兰的法律框架和经济发展中的优先地位，以及乌克兰知识产权领域在看齐国际标准方面的进步。另外一项推动知识产权保护制度发展，同时也证明乌克兰经济水平以及知识产权水平提高的重要活动，便是2012年由乌克兰和波兰共同举办的欧盟年会，它进一步保证了乌克兰的投资和经济增长。

第三章

工业产权申请与注册资格审查

受乌克兰经济发展与贸易部（MEDT）委任，乌克兰国家知识产权局作为国家授权机构，根据相关法律法规，切实履行相应职能，如审查工业产权保护申请、工业产权国家注册信息、维护国家专利登记簿。

2018 年，乌克兰国家知识产权局受理发明专利申请共计 3968 件，实用新型专利申请 9120 件，外观设计专利申请 3042 件，商标和服务商标申请 38651 件（其中 30899 件申请已提交至国家程序）（见表 3-1）。

表 3-1 发明专利申请情况（2014—2018 年）[1] 单位：件

类目	2014 年	2015 年	2016 年	2017 年	2018 年
发明	4814	4497	4093	4049	3968
实用新型	9384	8618	9559	9112	9120
外观设计	2664	2080	2302	2480	3042
商标和服务商标	27280	32621	35605	37817	38651

[1] 已修正往年数据。

续表

类目	2014 年	2015 年	2016 年	2017 年	2018 年
国家程序	18796	24652	29600	30183	30899
马德里体系	8484	7969	6005	7634	7752
集成电路拓扑图	1	—	—	—	—
货物原产地达标指数	3	3	—	4	3

2018 年，申请人通过电子提交系统提交了 10323 件申请，其中包括发明专利申请 596 件（占电子申请总量的 5.8%），实用新型专利申请 484 件，外观设计专利申请 487 件（占电子申请总量的 4.7%），以及商标和服务商标申请 8756 件（占电子申请总量的 84.8%）（见表 3-2，图 3-1）。

表 3-2　通过电子提交系统提交申请情况（2014—2018 年）　单位：件

类目	2014 年	2015 年	2016 年	2017 年	2018 年
发明	161	221	233	337	596
实用新型	115	168	205	337	484
商标和服务商标	1620	2118	3230	6000	8756
外观设计	—	—	—	214	487
合计	1896	2507	3668	6888	10323

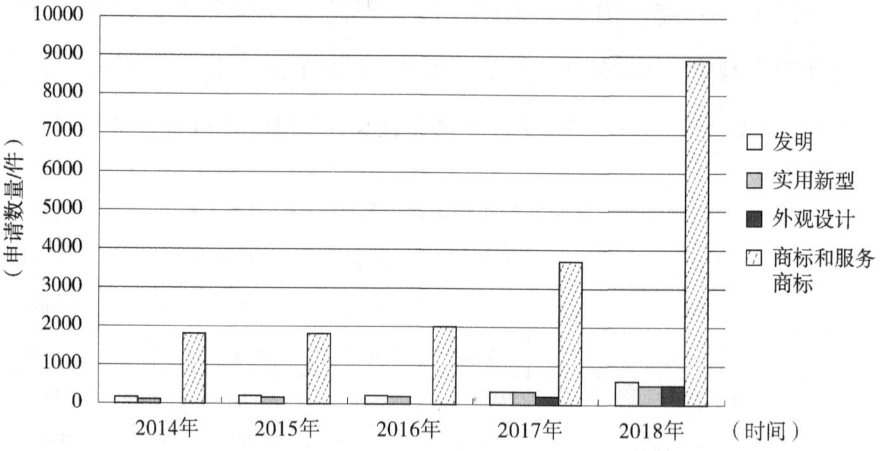

图 3-1　电子申请趋势

一、发明

2018 年，发明专利申请数量达 3968 件（见表 3-3，图 3-2）。其中，由居民申请的数量为 2105 件，非居民申请数量为 250 件。与 2017 年相比，居民申请数量同比下降了 7.8%，而非居民申请数量同比上升 5.5%。

基于专利合作条约（PCT），居民申请人在国外共提交发明专利申请 143 件。

表 3-3　发明专利申请情况（2014—2018 年）　单位：件

类目		2014 年	2015 年	2016 年	2017 年	2018 年
提交申请数量		4814	4497	4093	4049	3968
国家程序	由居民提交 （其中法人提交）	2455 （1335）	2271 （1127）	2230 （1206）	2281 （1200）	2105 （1166）
	由非居民提交	220	235	192	213	250
PCT 程序 （其中居民申请）		2139 （2）	1991 （2）	1671 （1）	1555 （4）	1613 （2）

注：PCT 程序指基于专利合作条约（PCT）的申请专利程序。

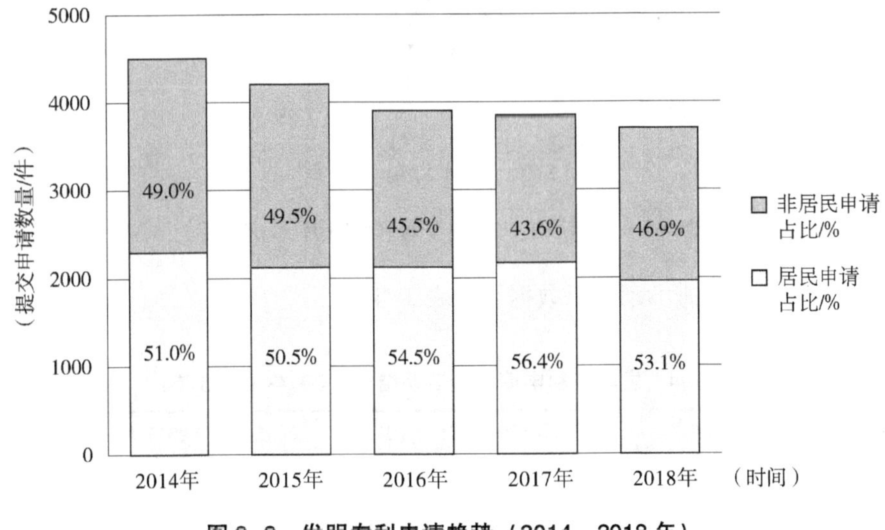

图 3-2　发明专利申请趋势（2014—2018 年）

2018 年，居民申请人提交了 2107 件发明专利申请（申请总量的比例超过 53%），大多来自基辅市（占比 34.8%）、哈尔科夫市（占比 13.4%）、第聂伯罗彼得罗夫斯克市（占比 10.6%）、敖德萨市（占比 6.7%）和利沃夫市（占比 4.6%）。

2018 年，从图 3-2 可知，非居民申请数量占申请总量的 46.9%。其中，进入国家程序的 PCT 申请数量约占非居民申请总量的 87%。非居民申请大多来自美国（494 件）、德国（280 件）、瑞士（220 件）、英国（95 件）、法国（69 件）、荷兰（66 件）、卢森堡（61 件）、意大利（52 件）、日本（51 件）（具体占比见图 3-3）。由欧盟成员国提交的申请数量占非居民申请总量的 44.4%。

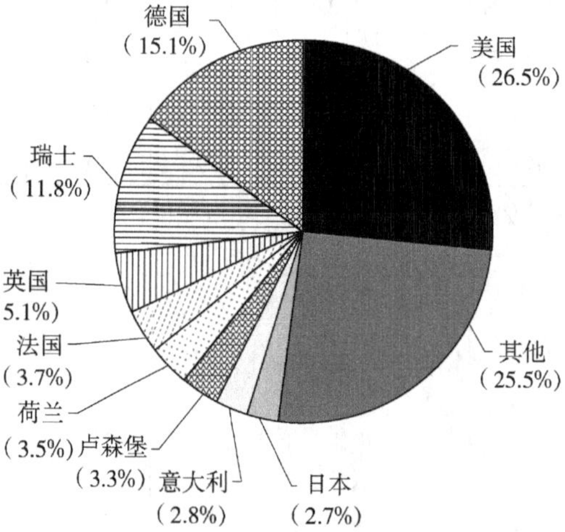

图 3-3　非居民发明专利申请来源情况（2018 年）

发明申请审查活动结果数据详见表 3-4。

表 3-4　发明专利申请审查活动结果（2014—2018 年）　　单位：件

类目	2014 年	2015 年	2016 年	2017 年	2018 年
要求进行实质性审查数目	4651	4040	3791	3889	3665
获批申请	3455	3101	2857	2744	2510

续表

类目	2014 年	2015 年	2016 年	2017 年	2018 年
驳回申请	45	68	78	61	45
放弃申请	854	1373	1367	1192	1103
进入实质性审查程序数目	4354	3995	3857	3582	3368
截至当年年底进行实质审查的未决申请数目	4398	4257	4094	4185	4679

2018 年，共授权发明专利 2469 件，其中 1203 件由居民提交（占授权发明专利比例为 48.7%）（见表 3-5，图 3-4）。

表 3-5　授权发明专利申请情况（2014—2018 年）　单位：件

类目		2014 年	2015 年	2016 年	2017 年	2018 年
授权发明专利	由居民提交	1702	1516	1277	1224	1203
	由非居民提交	1617	1498	1536	1366	1266
有效专利		26183	25736	24760	23705	22977

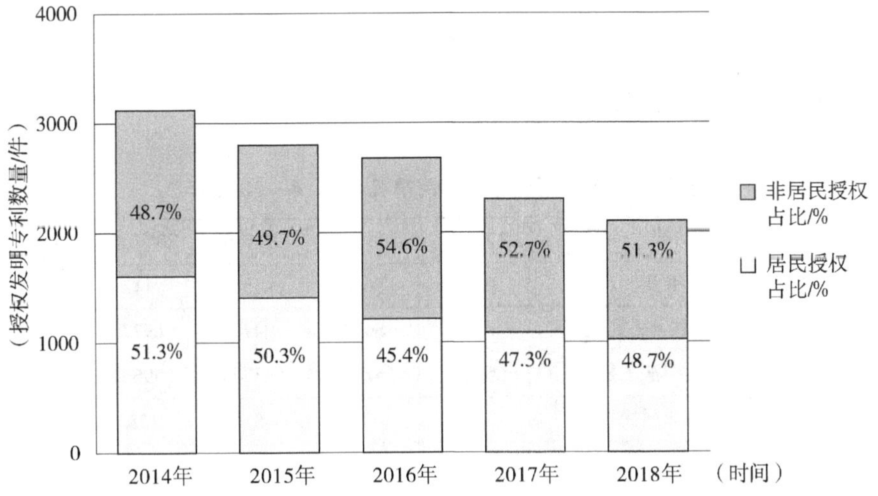

图 3-4　授权发明专利趋势（2014—2018 年）

截至 2019 年 1 月 1 日，乌克兰国家知识产权局国家登记簿共收录发明专利 123121 件，其中包括有效发明专利 22977 件。

截至2018年年底，各年度有效发明专利数量分布如图3-5所示。

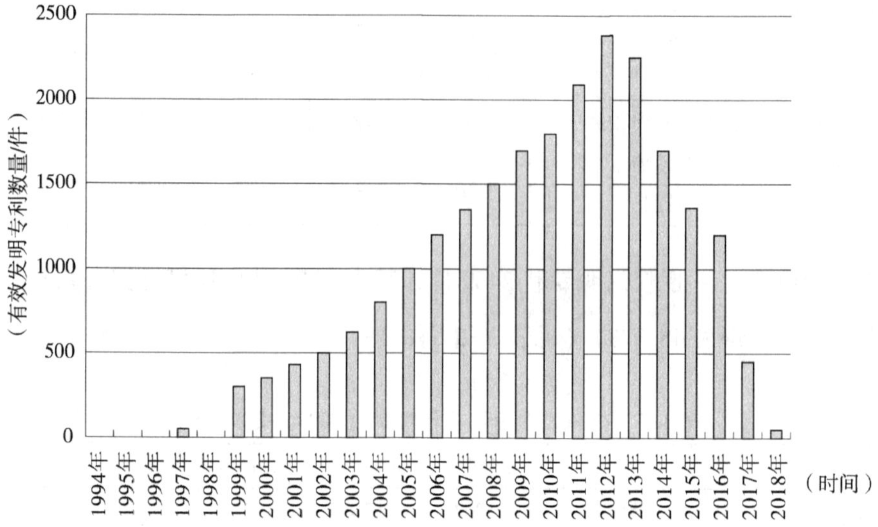

图3-5　各年度有效发明专利数量

二、实用新型

2018年，共提交实用新型专利申请9120件，其中居民申请占比98.5%（见表3-6，图3-6）。

表3-6　实用新型专利申请情况（2014—2018年）　　单位：件

类目		2014年	2015年	2016年	2017年	2018年
提交申请数量		9384	8618	9559	9112	9120
国家程序	由居民提交（其中法人提交）	9243（6001）	8490（5295）	9470（6324）	8977（5960）	8980（6294）
	由非居民提交	130	112	81	128	135
PCT程序（其中居民申请）		11（1）	16（—）	8（3）	7（—）	5（—）

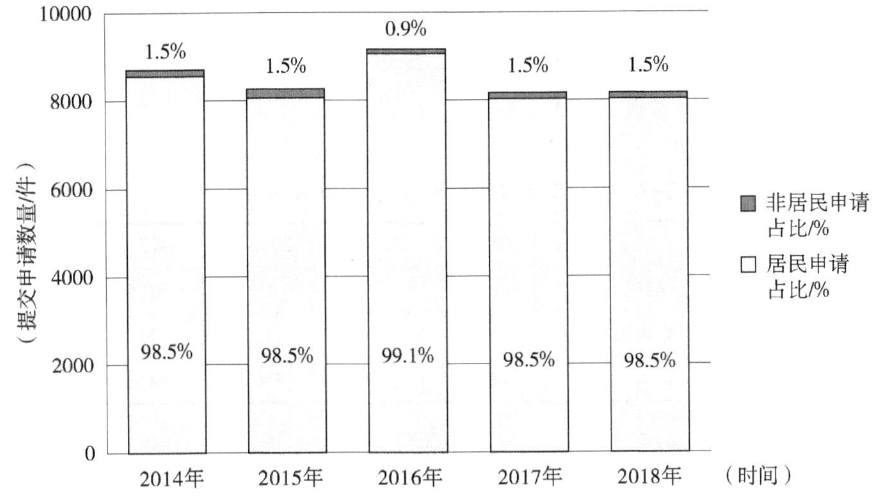

图 3-6　实用新型专利提交趋势（2014—2018 年）

2018 年，非居民提交实用新型专利申请 140 件，其中 40.0%来自塞浦路斯，15.0%来自俄罗斯。由非居民申请人所提交的实用新型专利申请数量占比分布见图 3-7。

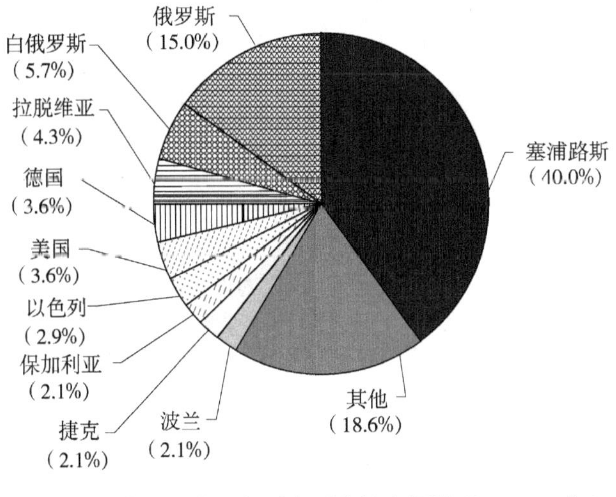

图 3-7　非居民实用新型专利申请来源情况（2018 年）

2018 年共计受理实用新型专利申请 9481 件，其中 9073 件申请获批，

33 件申请被驳回和 375 件申请被放弃。

2018 年，共授权实用新型专利 8620 件，其中授权居民申请量占 98.3%（见表 3-7，图 3-8）。

表 3-7　授权实用新型专利情况（2014—2018 年）　单位：件

类目		2014 年	2015 年	2016 年	2017 年	2018 年
授权专利	居民	9015	8035	8931	9365	8471
	非居民	181	118	113	77	149
有效专利		40268	37416	35914	36658	36992

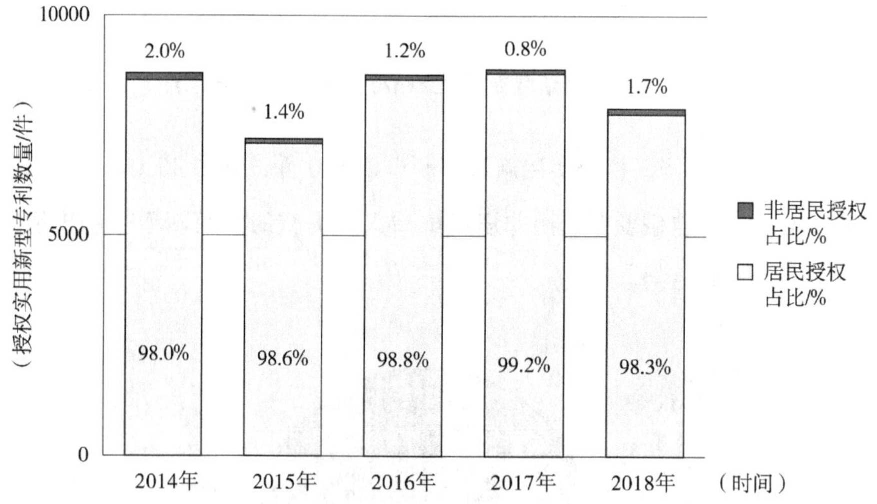

图 3-8　授权实用新型专利趋势（2014—2018 年）

已授权非居民申请人专利 149 件，授权给各国申请人专利数量中，其中塞浦路斯 51 件、俄罗斯 38 件、美国 8 件、波兰 7 件，白俄罗斯、土耳其和英国各 6 件。

截至 2019 年 1 月 1 日，乌克兰国家知识产权局国家登记簿共收录实用新型专利 130953 件，其中有效专利 36992 件。截至 2018 年年底，各年度有效专利数量分布如图 3-9 所示。

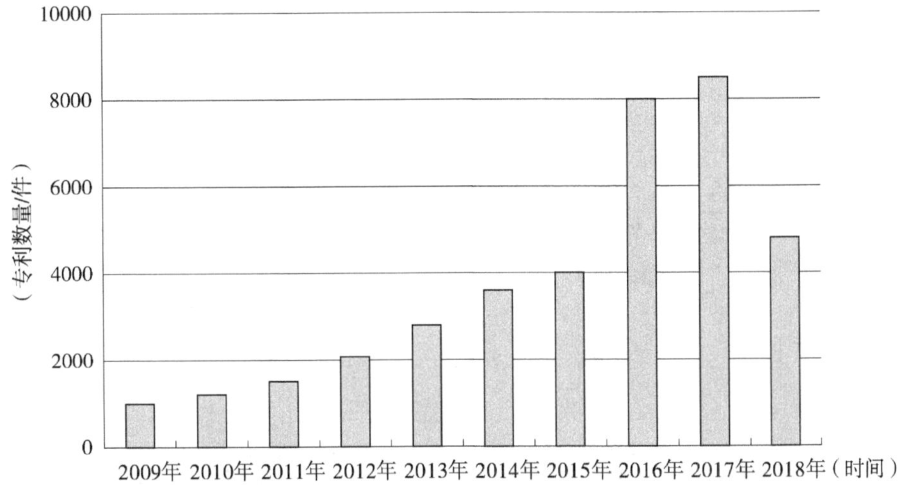

图 3-9　各年度有效实用新型专利数量

三、外观设计

2018 年，共提交外观设计申请 3000 多件（见表 3-8），其中非居民申请量占申请总量的 8.4%（见图 3-10）。

表 3-8　外观设计申请情况（2014—2018 年）　　单位：件

类目	2014 年	2015 年	2016 年	2017 年	2018 年
提交申请数量	2664	2080	2302	2480	3042
其中由居民提交 （由法人提交）	2045 （649）	1811 （466）	2016 （446）	2249 （582）	2787 （597）
其中由非居民提交	619	269	286	231	255

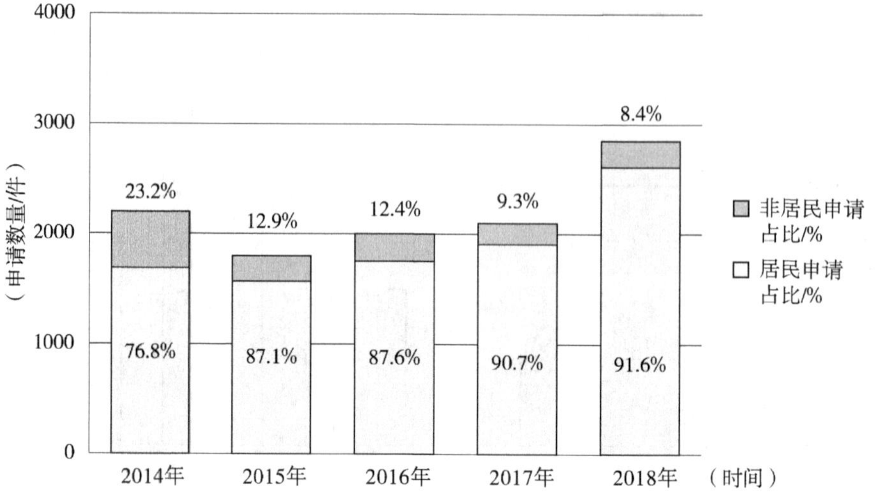

图 3-10　外观设计申请趋势（2014—2018 年）

经审查，2018 年最活跃申请人国别及相应申请数量占比依次为：俄罗斯 62 件（占比 24.3%）、美国 26 件（占比 10.2%），日本 21 件（占比 8.2%）、塞浦路斯 18 件（占比 7.1%）、韩国 17 件（占比 6.7%）、法国 16 件（占比 6.3%）和英国 15 件（占比 5.9%）（见图 3-11）。由上述国家申请人提交的申请数量占非居民申请总量的 68.7%。

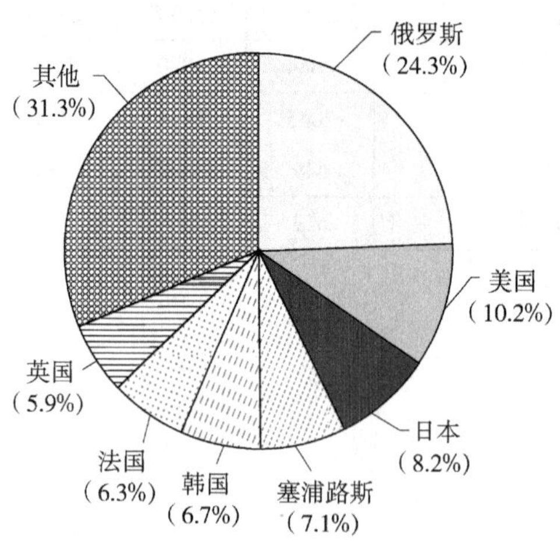

图 3-11　非居民申请外观设计来源（2018 年）

2018 年共计受理外观设计申请 2581 件，其中有 2409 件申请获批，4 件申请被驳回和 281 件申请被放弃。

2018 年共计授权外观设计专利 2297 件，其中包括授权给居民的 2077 件（占比 90.4%）（见表 3-9，图 3-12）。

表 3-9　授权外观设计专利情况（2014—2018 年）　　单位：件

类目		2014 年	2015 年	2016 年	2017 年	2018 年
授权专利	给居民	1780	1957	2134	2113	2077
	给非居民	684	564	335	277	220
有效专利		11095	12041	13026	13761	14383

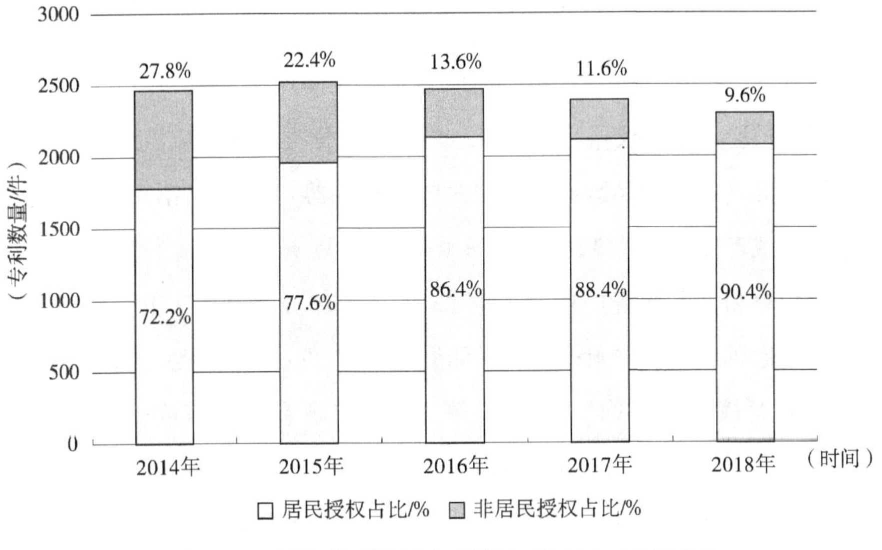

图 3-12　授权外观设计专利趋势（2014—2018 年）

截至 2019 年 1 月 1 日，乌克兰国家知识产权局国家外观设计登记簿共收录外观设计专利 36310 件，其中包括有效专利 14383 件。

2018 年，根据《外观设计国际注册海牙协定》进行了 506 项国际注册，其保护效力已延伸至乌克兰。《外观设计国际注册海牙协定》注册来源见图 3-13。

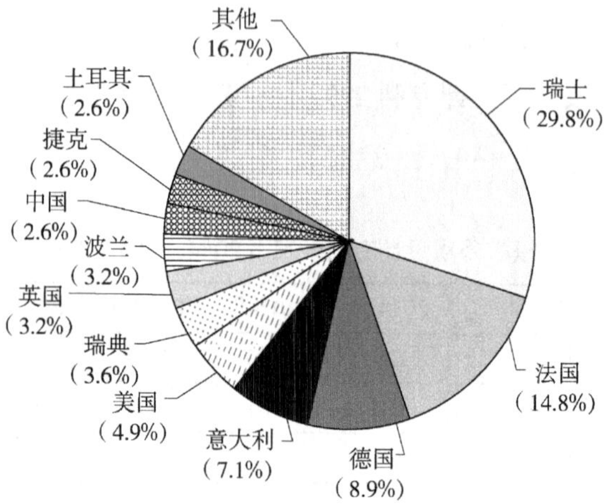

图 3-13 《外观设计国际注册海牙协定》注册来源（2018 年）

国际注册指定分类及其相应注册数量为第 10 类（钟、表以及其他测量仪器，检验和信号仪器）121 件。其他主要分类及其相应注册数量依次为：第 9 类（用于商品运输或装卸的包装和容器）47 件；第 12 类（交通运输工具或起重工具）39 件；第 3 类（其他类未列入的旅行用品、包装箱、遮阳伞和个人物品）35 件；第 23 类（流体分配设备、卫生设备、供暖设备、通风设备、空调设备、固体燃料）30 件；第 32 类（图形符号和标识、表面模式、装饰）28 件；第 14 类（录音、通信或信息检索设备）24 件；第 2 类（服装和服饰品类）20 件；第 21 类（游戏比赛、玩具、帐篷类和体育用品）18 件；第 7 类（其他类未列入的家庭用品）16 件。

四、商标与服务商标

（一）国家程序

2018 年，商标与服务商标居民申请量同比增长了 4.0%，而非居民申请量则同比下降了 8.6%（见表 3-10，图 3-14）。非居民申请量为 3570 件，占国家注册申请总量的 11.6%。

表 3-10　商标与服务商标申请情况（2014—2018 年）　　单位：件

类目	2014 年	2015 年	2016 年	2017 年	2018 年
提交申请数量	18796	24652	29600	30183	30899
其中由居民提交	15141	21245	26064	26275	27329
其中由非居民提交	3655	3407	3536	3908	3570

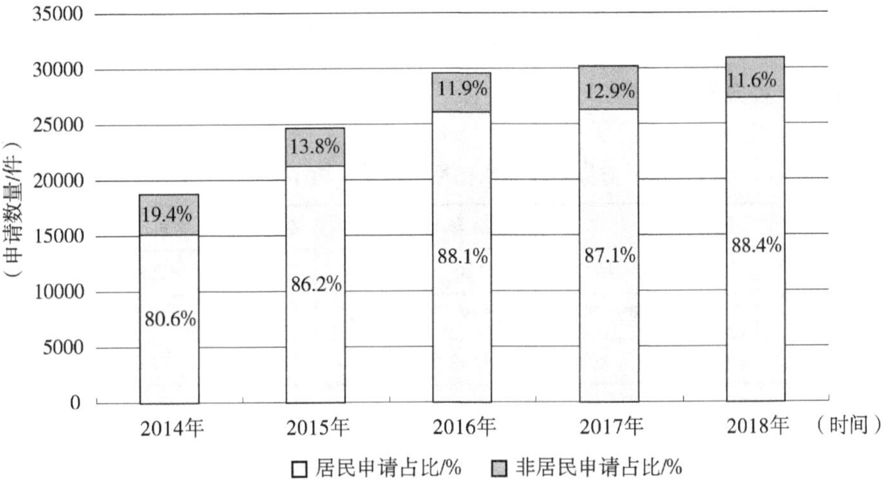

图 3-14　商标与服务商标申请提交趋势（2014—2018 年）

最活跃申请人国别及相应申请数量占比依次为：美国 640 件（占比 17.9%）、塞浦路斯 524 件（占比 14.7%）、瑞士 263 件（占比 7.4%）、中国 226 件（占比 6.3%）、英国 225 件（占比 6.3%）、俄罗斯 138 件（占比 3.9%）、德国 134 件（占比 3.8%）、印度 122 件（占比 3.4%）、法国 100 件（占比 2.8%）、韩国 87 件（占比 2.4%）及日本 81 件（占比 2.3%）。

商标与服务商标审查活动数据如表 3-11 所示。

表 3-11 商标与服务商标审查活动结果（2014—2018 年） 单位：件

类目	2014 年	2015 年	2016 年	2017 年	2018 年
专家给出关于格式的意见	14169	11627	21166	22985	22748
注册决定	15018	13448	14338	16620	18218
共计驳回	1794	1852	1825	1865	1795
撤回或放弃申请	3235	4036	5726	5270	5245
处理数目	20047	19333	21889	23755	25258
截至当年年底进行实质审查的未决申请数目	19903	25507	33076	40099	37783

经审查，2018 年度共计注册商标 15877 件，其中居民注册占比达 85.4%（见表 3-12，图 3-15）。

表 3-12 商标与服务商标注册情况（2014—2018 年） 单位：件

类目		2014 年	2015 年	2016 年	2017 年	2018 年
注册商标	由居民注册	11150	9539	11007	12986	13553
	由非居民注册	3548	2849	2611	2262	2324
有效注册		161592	167166	172015	177353	182120

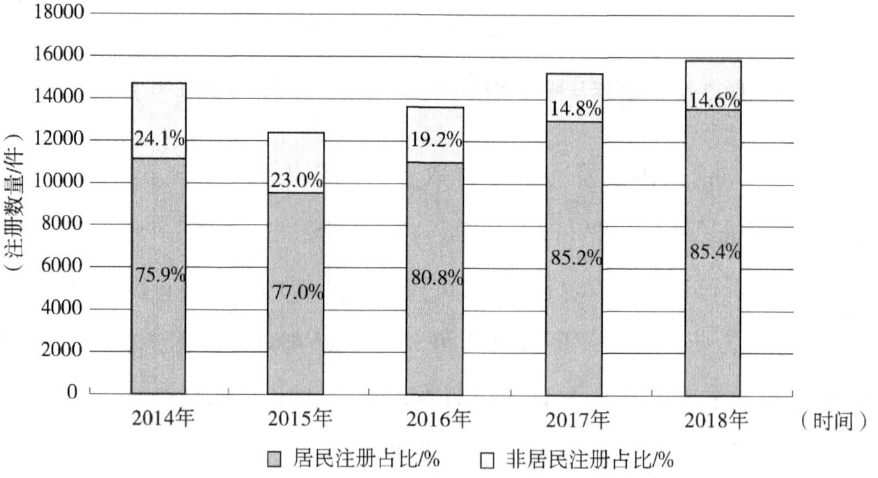

图 3-15 商标与服务商标注册趋势（2014—2018 年）

截至 2019 年 1 月 1 日，乌克兰国家商标与服务商标登记簿共收录商标证 236469 件，其中包括有效注册证书 182120 件。

（二）国际程序

2018 年，乌克兰国家知识产权局共接收国际申请 7752 件，已有 7499 件国际商标获得保护（见表 3-13，图 3-16）。

表 3-13　国际商标申请与注册（2014—2018 年）　　单位：件

类目	2014 年	2015 年	2016 年	2017 年	2018 年
提交商标申请数量	8484	7969	6005	7634	7752
授予商标保护数量	9876	8117	7620	5565	7499

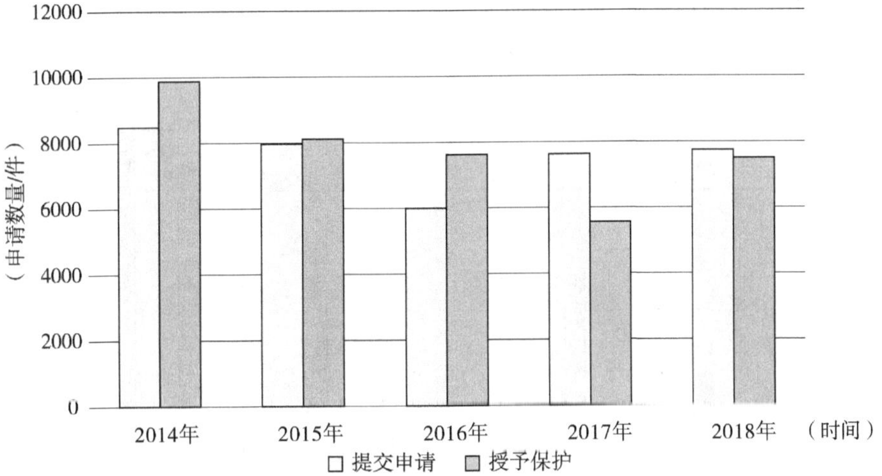

图 3-16　国际商标申请提交与注册趋势（2014—2018 年）

从图 3-17 可知，国际商标主要申请人国别及其申请数量占比依次为：中国（申请 1182 件，占比 15. 2%）、德国（申请 1100 件，占比 14. 2%）、法国（申请 650 件，占比 8. 4%）、美国（申请 576 件，占比 7. 4%）、俄罗斯（申请 557 件，占比 7. 2%）、意大利（申请 518 件，占比 6. 7%）、瑞士（申请 457 件，占比 5. 9%）、土耳其（申请 233 件，占比 3. 0%）及英国

（申请 202 件，占比 2.6%）。上述国家申请总量占比达 70.6%。

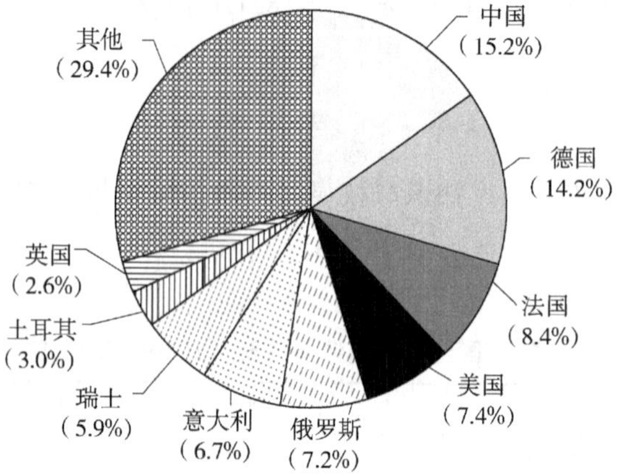

图 3-17 国际商标商标申请提交来源（2018 年）

2018 年，为获得国际商标注册，乌克兰 567 件居民商标申请已转交至世界知识产权组织国际局（见图 3-18）。

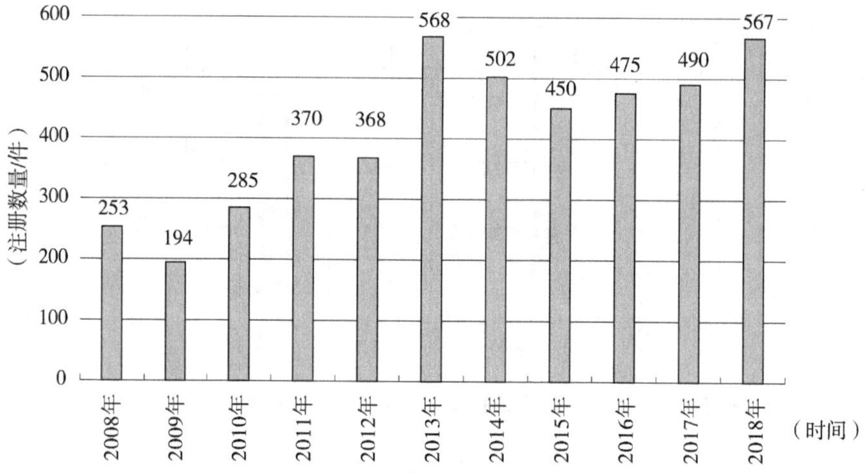

图 3-18 乌克兰居民国际商标注册趋势（2008—2018 年）

第四章

乌克兰国家知识产权局专利合作条约下的国际职能

基于乌克兰经济发展和贸易部同世界知识产权组织国际局之间的新协议，2018年起，乌克兰国家知识产权局将继续履行PCT所赋予其作为国际检索单位和国际初审单位的职能，即国有企业“乌克兰国家知识产权局”作为国际检索单位和国际初审单位的职能。该协议有效期为2018年1月1日至2027年12月31日。

乌克兰国家知识产权局对乌克兰申请人以乌克兰国家知识产权局为受理局或以WIPO国际局（IB）为受理局提交的国际申请进行国际检索和国际初步审查。

2018年，乌克兰国家知识产权局开始履行其作为国际检索单位和国际初审单位的职能，共受理申请143件，较2017年增长9.2%，2018年与2016年相比下降6.5%（见图4-1）。

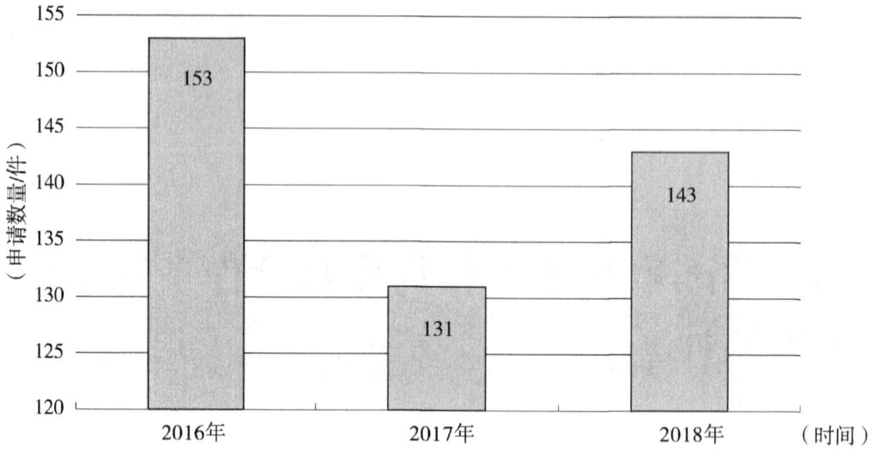

图 4-1　乌克兰国家知识产权局受理国际申请数量（2016—2018 年）

2016—2018 年，乌克兰国家知识产权局受理申请检索副本数量、国际检索报告数量及国际检索单位转交至申请人和世界知识产权组织国际局的书面意见数量整体来看处于上升态势（见表 4-1）。

表 4-1　国际检索单位（ISA）绩效指数　　单位：件

类目	2016 年	2017 年	2018 年	合计
受理申请检索的副本数量	22	39	52	113
转交至申请人和世界知识产权组织国际局的国际检索报告和书面意见书数量	18	39	35	92

在上述期间，乌克兰 2017 年收到补充国际检索请求 1 件后，于 2018 年向申请人和世界知识产权组织国际局转交补充国际检索报告 1 件。

2018 年，乌克兰向申请人和世界知识产权组织国际局转交国际初步审查数量及专利性国际初步报告的需求量有所上升（见表 4-2）。

表 4-2　国际初审单位（IPEA）绩效指数　　单位：件

类目	2016 年	2017 年	2018 年	合计
要求进行国际初审的数量	3	5	8	16
转交至申请人和世界知识产权组织国际局的专利性国际初步报告数量	—	4	7	11

乌克兰国家知识产权局尤为注重与国际检索和国际初步审查相关工作的质量。相关工作交由发明、实用新型和集成电路拓扑图申请审查质量控制和改进部门全权管理。乌克兰国家知识产权局作为国际检索单位，所发布的针对国际检索报告和书面意见的分析意见彰显出其审查员的优异业务能力（见图 4-2）。

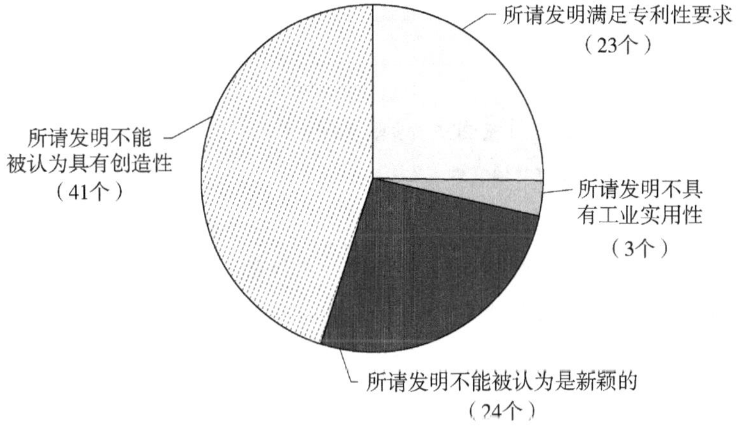

图 4-2　国际检索报告和书面意见书的检索结果（2016—2018 年）

所有程序时限均由审查部门——发明、实用新型和集成电路拓扑图申请审查质量控制和改进部门、发明和实用新型国际申请部门——严格把控。乌克兰国家知识产权局自作为国际检索单位和国际初审单位运作以来，保留了相关期限内在世界知识产权组织数据报告中的既有程序条款。故此，乌克兰国家知识产权局在其他享有国际检索单位和国家初审单位职能的专利局中，处于引领地位。

乌克兰国家知识产权局作为国际检索单位和国际初审单位，有权依据其作为国际检索单位和国际初审单位的职能，减少相关收费额度。据此乌克兰国家知识产权局修正了乌克兰经济发展和贸易部同世界知识产权组织国际局签署协议附件四中第一部分关于“费用及收费”的内容，据此减少了乌克兰或俄罗斯申请人相关费用（见表 4-3）。一是可以协助本国发明人为其发明寻求国际专利保护或为协助本国发明人在国际上寻求专利保护，二是可提高国际申请数量。相关修正已于 2018 年 9 月 1 日生效。

表 4-3　乌克兰国家知识产权局国际初审费用和收费表

费用或收费类型	往年金额（以欧元计）	调整后金额（以欧元计）
检索费（第 16.1（a）条）	300	100*
附加费（第 40.2（a）条）	300	100*
补充检索费（第 45.2.3（a）条）		
- 当局检索收集的文件，包括第 34 条 PCT 最少限度检索文件	200	90
- 苏联和乌克兰语文件中的乌克兰语文件	150	70
- 欧洲和北美洲文件	200	90
与附件二中第三段一致因检索而产生的补充检索费。[该段落中已根据细则 39.1（iv）中所述客体，作出了关于第 17 条第二款（a）项的声明]	100	60*
初步审查费（第 58.1（b）条）		
- 当局已备有国际检索报告	160	50*
- 其他机构已备有国际检索报告	180	70*

* 为在乌克兰或俄罗斯进行申请的费用。

第五章

工业产权申请审查信息支持

一、专利信息资源

2018 年，乌克兰国家知识产权局为满足审查员对信息可靠性与及时性的需求，尤其是作为国际审查单位和国际初审单位来满足适当专利信息的需求，提供了多种专利咨询基金与电子资源，以满足专利信息审查需求。

为满足审查或公共需求，获取外国专利文件的主要途径是通过乌克兰国家知识产权局作为国际出版物交流中心，与外国专利局进行双边专利文件交换［以光学载体或通过文件传输协议（FTP）］。2018 年，乌克兰国家知识产权局收到来自 8 个国家专利局的约 400 张光盘，336 张光盘上的数据用于电子信息资源的补充，以进行信息检索。

2018 年，由于外国专利局不再以传统方式通过物理载体发布专利文件，而是通过 FTP 服务器交换数据，乌克兰国家知识产权局所接收到的载有外国专利文件数据的光盘数量呈下降趋势。

基于交流框架，乌克兰国家知识产权局：

（1）根据乌克兰经济发展和贸易部批准的关于出版物免费发放的登记簿，向合作机构发放“工业产权”官方公报光盘和“乌克兰发明”国家光盘。

（2）根据乌克兰国家知识产权局总干事批准的《非物质载体上专利文献免费国际交流登记册》，通过 FTP 服务器进行专利文件交流。

2018 年度，审查用参考和信息文件（RIF）新增了书籍、手册、期刊以及国家专利文件约 1550 件——“工业产权”官方公报光盘、“乌克兰发明”和“乌克兰商标和服务商标”国家光盘上的最新出版物。

乌克兰国家知识产权局目前正在建立电子资源，以向审查程序提供信息支持。这些资源可通过本地内联网访问，特别是下列信息和检索系统的内容已大大扩展：

（1）网络电子目录新增文件约 1900 件；

（2）通过将本网站现有出版物和从其他信息来源获得的出版物数字化，门户网站的全文非专利文献数据库新增文件约 7200 件。

2018 年，乌克兰国家知识产权局对审查中 RIF 可获取的标准集进行了维护。电子信息资源——乌克兰规范文件目录可在乌克兰国家知识产权局的信息资源中获取，并在 2015 年实施后得以维护。因此，国有企业“乌克兰标准、认证与质量检索、发展与培训中心”发布了《“标准”现有期刊信息索引》。变更与修改的公开信息可直接输入电子信息资源文档中。

为审查员提供信息支持必需一个信息提供系统，即利用乌克兰及国外 89 个国家大型专业图书馆馆藏，所需素材和资源通过互通获得。所需信息资源的电子副本可通过电子文件传输获得。

与往年一样，2018 年乌克兰国内外免费网络资源仍得到广泛使用。

审查员对非专利文献，尤其是对专利合作条约（PCT）最少限度检索文献的需求，可通过使用国外商业互联网资源获取：同世界知识产权组织

（瑞士）协办的发展与创新研究计划、爱思唯尔公司（荷兰）旗下科学指导服务、电气和电子工程师学会（美国）的电气和电子知识数字图书馆的内容、美国化学学会产品（美国）及约翰·威立公司旗下线上图书馆（美国）。

由于2018年有效利用了上述资源，乌克兰国家知识产权局已顺利完成全部PCT最少限度检索文献期刊文章的查询工作。

经审查员查询，乌克兰国家知识产权局约提供文件1700件，其中电子形式文件占比75.5%。而这也证实了在用户服务中，电子文档使用率处于稳定提升中。

此外，为实现免费数据库清单扩容和国外商业互联网资源分析的目的，对非专利文献的商业和免费互联网资源进行了永久性监控和研究。为获得非专利文献，第一要务就是对PCT最低限度检索文献数量进行监控和研究。

为使审查机构能够查阅PCT最低限度检索文献（专利文件和非专利文献），乌克兰国家知识产权局与世界知识产权组织、欧洲专利局（自2007年起）与世界主要公司缔结协议，以获取外国商业信息互联网资源，该资源列表已得到乌克兰国家知识产权局授权批准。

2018年，乌克兰国家知识产权局继续展开一系列工作以确保审查员可获取到10个含有PCT最低限度检索文献的外国商业信息互联网资源。这些资源的利用是必要的，可确保乌克兰国家知识产权局尤其是其作为国际检索单位（ISA）和国际初审单位（IPEA）的专利检索质量。相关资源包括：

（1）欧洲专利局EPOQUE检索系统（德国）（自2007年起）；

（2）德国卡尔斯鲁厄—莱布尼茨专业情报中心旗下SNT文件及其特性（SNT全球定价）（德国）（自2008年起）；

（3）爱思唯尔公司（荷兰）旗下科学指导服务（自2009年起）；

（4）科睿唯安英国有限公司（英国）旗下德温特世界专利索引数据

库，可通过欧洲专利局 EPOQUE 检索系统进行访问（自 2011 年起）；

（5）爱思唯尔公司（荷兰）旗下 REAXYS 数据库（自 2011 年起）；

（6）协同世界知识产权组织（瑞士）获取发展与创新研究计划（自 2012 年起）；

（7）美国电气和电子工程师学会（美国）的电气和电子知识数字图书馆的内容（自 2013 年起）；

（8）美国化学学会产品（美国）（自 2013 年起）；

（9）约翰·威立公司（美国）线上图书馆（自 2014 年起）；

（10）爱思唯尔旗下瑞埃克斯药物化学数据库（自 2018 年起）。

2018 年，与外国商业资源提供商之间的合作包括对即将到期的协定进行续签。尤其是通过缔结新协定，使审查员可以访问：

（1）SNT 文件及其特性（SNT 全球定价），有效期为 2018—2021 年；

（2）德温特世界专利索引数据库（可通过欧洲专利局 EPOQUE 检索系统进行访问），有效期为 2018—2020 年；

（3）通过采取必要措施，与外国商业信息互联网资源提供商续签了协议，以确保乌克兰国家知识产权局在 2018—2019 年可以访问专利文献资源。

根据审查需要，乌克兰国家知识产权局展开了一系列工作以根据协议内容访问外国商业信息互联网资源，即爱思唯尔公司（荷兰）旗下 EMBASE 数据库——生物医学领域世界最大的期刊和会议论文摘要数据库，访问有效期为 2019—2020 年。

根据关于访问 EPOQUE 检索系统的最终协议，乌克兰国家知识产权局在数据交换框架内，继续从“乌克兰发明”国家光盘中下载现有国家专利文件，该协议有效期为 2017—2020 年（乌克兰的发明和实用新型专利说明书储存在 EPO 的 FTP 服务器）。

二、乌克兰语版国际分类

在申请审查处理过程以及申请人或公众使用（在相关规范和法律法规

规定的范围内）过程中，乌克兰国家知识产权局推行乌克兰语版工业产权国际分类的应用。与此同时，须根据乌克兰所加入的国际分类进行履约。乌克兰语版国际分类更新工作仍在进行中，而国家系统中新版工业产权法律保护的实施将与世界知识产权组织所采取的策略与惯例相符。

2017 年，乌克兰国家知识产权局开展一系列工作，更新《商标注册用商品和服务国际分类》（尼斯分类）、《建立商标图形要素国际分类》《维也纳分类》《国际专利分类》（IPC）。新版已引入到乌克兰国家知识产权法律保护体系当中，并依据 MEDT 相关命令，自 2018 年起生效：

（1）关于 2018 年 1 月 11 日第 19 号《第十一版乌克兰语版商标注册用商品和服务国际分类》的实施情况；

（2）关于 2018 年 1 月 11 日第 18 号《第八版乌克兰语版商标要素国际分类》的实施情况；

（3）关于 2018 年 3 月 28 日第 431 号《2018 年乌克兰语版国际专利分类》的实施情况。

根据相关命令，创建了尼斯分类（NCL）（112018）、维也纳分类（VCL）（8）和 IPC（2018. 01）的信息和参考系统（IRS），并可以在乌克兰国家知识产权局网站上免费使用。

关于世界知识产权组织在 2018 年对 IPC 文本进行的更改和增补以及 IPC（2019. 01）于 2019 年 1 月 1 日生效的相关事宜，乌克兰国家知识产权局适时展开了一系列工作，并提供了以下内容：

（1）从英语翻译到乌克兰语的过程中，对 IPC（2018. 01）中的科学术语类、科学技术类进行了变更和增补，以实现从 2019 年 1 月 1 日起，创建和使用国家知识产权法律保护制度下的 IPC（2019. 01）；

（2）新版 IRS“国际专利分类［IPC（2019. 01）］”创建后，可通过乌克兰国家知识产权局网站免费访问。

同时，根据现代乌克兰语的词汇和拼写规范以及某些技术领域（尤其是发展迅猛的技术领域）的最新技术，正在对术语统一性进行核验，以确保其与 IPC 先前翻译版本一致。

该 IPC 手册是分类的组成部分，由于 WIPO 变更和新增了 IPC 手册内容，该手册 2018 年乌克兰语版得以创建，并包含在 IPC 的 IRS 中。手册中信息呈现格式也有所变更，根据 WIPO 惯例，采用 PDF 格式，还包括搜索功能扩展、系列信息呈现在内的变更，这都大大提升了用户使用便捷度。

因此，根据 MEDT 指令（即 2018 年 12 月 18 日第 1936 号指令），关于实施 2019 年版乌克兰语国际专利分类规定，自 2019 年 1 月 1 日起，乌克兰语版 IPC（2019.01）引入了国家知识产权法律保护体系当中。

从 WIPO 所做出的变更和新增，到 2018 年第 11 版尼斯分类，再到关于 2019 年第 11 版尼斯分类——尼斯分类（11-2019）的实施情况，截至 2019 年 1 月 1 日，乌克兰国家知识产权局完成了一系列工作，具体如下：

（1）在英语译为乌克兰语的过程中，对尼斯分类（11-2018）中的科学术语、科学技术的变更和新增进行编辑，以创建并提供尼斯分类（11-2019）乌克兰语版在国家知识产权法律保护体系中的使用；

（2）IRS《商标注册用商品和服务国际分类》（尼斯分类）的创建目的在于服务尼斯分类（11-2019），而该分类可通过乌克兰国家知识产权局网站进行免费访问。在指定的 IRS 中，可访问早期发布的尼斯分类，该信息分类虽然如今已失效，但仍可用于信息和（或）教育。

乌克兰国家知识产权局仍将现代乌克兰用语规范纳入考虑范围，以审查和更新乌克兰语尼斯分类文本，既为提高商标和服务商标申请的审查质量，又为提升乌克兰语尼斯分类作译本。

因此，根据 MEDT 指令（即 2018 年 12 月 18 日第 1934 号），关于实施 2019 年第 11 版乌克兰语商标注册用商品和服务国际分类，自 2019 年 1 月 1 日起，乌克兰语版尼斯分类（11-2019）引入了国家知识产权保护体系当中。

2018 年，乌克兰国家知识产权局专家与 WIPO 部门之间展开合作，以负责在线工具马德里体系商品和服务管理器（G&S Manager）的运行与开发工作。该工具由 WIPO 创建，以协助商标申请人在马德里体系下提交国际商标申请之前，先自行对其商品和服务清单进行编辑和分类。

自 2015 年 2 月起，在 WIPO 网站（https://webaccess.wipo.int/mgs/?lang=uk）上运行的 G&S Manager 乌克兰语版本的信息内容进行维护和更新。

乌克兰语版 G&S Manager 提供了商标国际注册用乌克兰语版《尼斯分类》当前版本的字母列表、分类标题及其解释性注释，并且是根据国家程序进行注册的辅助信息手段。

WIPO 不断改进乌克兰语版 G&S Manage 框架，并开发和更新了界面元素。

2018 年，WIPO 引入第 11 版外观设计国际分类（洛迦诺分类，LOC）中所作出的变更和新增，且自 2019 年 1 月 1 日起引入第 12 版分类 LOC（12），乌克兰国家知识产权局适时展开了一系列工作，具体如下：

（1）在英语翻译到乌克兰语的过程中，对 LOC（11）中的科学术语类、科学技术类进行了变更和增补，并对所引入的变更部分的乌克兰语译文进行了整体改进，以创建和修改在国家知识产权法律保护体系下乌克兰语版 LOC（12）。

（2）为洛迦诺分类（12）创建 IRS“外观设计国际分类（洛迦诺分类）”。

鉴于在 2015 年，WIPO 从根本上改变了洛迦诺分类的信息呈现形式，并于 2017 年底发布了新版洛迦诺（11）官方电子出版物，因此在洛迦诺分类中，乌克兰国家知识产权局创建了两个新的信息和参考系统，并于 2018 年发布。洛迦诺（11）的信息内容虽已保留，但仍以世界知识产权组织建议的形式呈现。而洛迦诺（12）的形式和内容与世界知识产权组织网站上正式公布的洛迦诺（12）完全一致。

因此，根据 MEDT 指令（即 2018 年 12 月 18 日第 1935 号第 12 版乌克兰语外观设计国际分类的指令），自 2019 年 1 月 1 日起，乌克兰语版洛迦诺分类（12）被引入了国家知识产权保护体系当中。

三、乌克兰语版 WIPO 标准

在申请工业产权的过程中，尤其是在提交、审查、发布国家专利文献，保护权的注册和发布，以及建立和更新专用互联网资源（DB 和 IRS）的过程中，须采用 WIPO 标准。WIPO 的相关建议在世界知识产权体系中的重要性愈加凸显。由于这些标准和现代信息技术的使用，标准化信息处理方式与国家专利文献的调和统一得以实现，从而确保了其能够整合到世界信息空间中。

为了改善乌克兰专利和术语库，使知识产权领域的术语能够实现标准化和统一化，WIPO 标准中更具实用价值的标准被翻译为乌克兰语，并及时对其进行更新。

截至 2019 年年初，乌克兰国家知识产权局已翻译了 20 条 WIPO 标准（无官方地位）。在 2018 年，该项工作仍在展开，主要翻译了新的 WIPO 标准“ST. 27：关于交换专利法律地位数据的建议”。根据 WIPO 发布的当前版本，更新了以下 WIPO 标准的译文：

（1）ST. 3：关于代表国家、其他实体和政府间组织的两个字母代码的推荐标准；

（2）ST. 26：关于使用 XML（可扩展标记语言）表示核苷酸和氨基酸序列表的推荐标准；

（3）ST. 96：关于使用 XML（可扩展标记语言）处理工业产权信息的建议。

WIPO 标准的翻译部分可在乌克兰国家知识产权局网站上的“WIPO 标准”处获得。

第六章

乌克兰知识产权保护体系中的信息技术实现

一、信息技术有助于保证企业效率

乌克兰国家知识产权局作为审查机构，须对成千上万件工业产权（IPR）申请中的信息数据进行收集、处理、存储和发布。由于申请数量增加，纸质申请资料转换为电子形式，并采用电子化（无纸化）程序，申请量呈现持续快速增长趋势。因此，在过去10~15年，乌克兰国家知产权局收集的数据总量增加了数万倍，达到50太字节（Tbytes）。只有通过计算机设备对IPR申请未决阶段全部信息进行自动化处理，实现信息的高速处理、快速检索及对信息源的访问，才有可能处理如此大量的信息。

综合信息和电信中心（ITC）已在乌克兰国家知识产权局建立并投入运行。ITC是一个复杂自动化集成人机系统，包含乌克兰国家知识产权局专家档案自动化工作站（AWS）的专门计算机自动化系统（AS）及多种技术档案数据库。

ITC内乌克兰国家知识产权局的所有自动化系统和数据库都能自动执行知识产权法律保护领域中的法条、政府条例及其他规范性法案（法规、规章和程序等）及乌克兰国家知识产权局法律法规下的章程（功能及行为）。主要章程（功能及行为）如下：

（1）接收并迅速处理传入文件（包括IPR电子申请）；

（2）编写传出文件（问询、报告、审查意见与回函等），并发送给收件人；

（3）稳定存储纸质文件和电子文件；

（4）在数据库中快速检索必要信息；

（5）核算并快速控制费用；

（6）在知识产权保护所有权凭证国家登记簿中生成并纳入数据；

（7）设计官方公报模板并筹备其发布；

（8）编写知识产权保护（专利、证书）所有权凭证及其附件，并印刷发行；

（9）自动执行程序，维护知识产权保护所有权凭证有效性；

（10）向用户提供专利信息服务；

（11）生成统计数据；

（12）保护信息并授予相关用户对该信息的访问权；

（13）提供国家登记簿的信息、摘录等。

多年来，乌克兰国家知识产权局一直努力部署资源，保证其综合信息和电信中心（ITC）的运行和发展。一个庞大数据中心得以建立。在IPR申请未决阶段和向用户（自然人和法人）提供服务过程中，使用数据库、自动化系统、相关信息库和信息检索系统对信息进行处理。上述资源均为乌克兰国家知识产权局ITC所有。

每年对自动化系统的功能进行更新，并对其人体工程学性能进行改善。ITC的技术手段（计算机、通信）根据现代计算机和服务器设备定期更新。

为实现和发展信息技术，乌克兰国家知识产权局采取了一系列措施，提高了 IPR 申请审查质量，改善了人员工作条件并降低了记录保存、官方出版物发布、信息交流等过程中的物力及人力成本。

二、申请处理自动化　发展技术自动化系统

所有 IPR 申请处理过程（主要包括审查及编写国家出版物和国家登记簿技术数据管理），均在乌克兰国家知识产权局技术自动化系统中完成。最初，上述功能作为独立专门系统为每项 IPR 开发，而系统的优化、功能的扩展，及子系统和模块的统一使得乌克兰国家知识产权局 ITC 最终建立。

当今，乌克兰国家知识产权局 ITC 的功能组件是：

（1）技术自动化系统（发明自动化系统、商标自动化系统、外观设计专利自动化系统、传出文件自动化系统、指标自动化系统、成本会计自动化系统）；

（2）中央电子文件档案库（CEAD）；

（3）集技术自动化系统和 CEAD 为一体的通用文件管理自动化系统；

（4）IPR 申请用电子提交系统；

（5）乌克兰国家知识产权局与相关实体的电子互动系统，可用于 IPR 保护所有权凭证有效性的获取和维护；

（6）文档的统一电子分类器；

（7）将纸质文件电子化的系统；

（8）发明申请审查过程中用于专利信息源检索的搜索引擎；

（9）供公众访问的在线资源。

在乌克兰国家知识产权局 ITC 不断变化的同时，它的一些组成部分随之变化。它们的功能由乌克兰现行立法原则规定，而这些原则每过一段时间就可能发生变化。因此，基于这种变化，对自动化系统的文件处理程

序、输出文件模板等部分进行相应更新。

1996—1998 年，发明自动化系统、商标自动化系统、外观设计专利自动化系统创建并投入使用。自此，上述系统经历了多个阶段的现代化发展，其中包括数据库的重组、体系结构的重建和大量附加功能模块的引入等。功能自动化确保了申请审查技术过程的实施，具体过程包括：接收申请材料、维护和终止 IPR、在“工业产权”官方公报中发表相关信息，以及与申请人和外国专利局进行信息交流等。文件的生成、批准、签署、送交和注册均以电子（无纸化）技术为基础进行。

2018 年年初，乌克兰国家知识产权局将大量可追溯性纸质专利文件转换为电子版。电子文件可上传到数据库，因此其数量显著增加。此外，亟须在进行检索查询和执行服务器程序时为自动化系统提供稳定的高性能参数。为解决这一问题，乌克兰国家知识产权局进行了专门研究并提出了数据库测试方法。通过对测试结果和已有统计数据进行详细分析，验证了在自动化系统中重新设计数据存储、检索和处理过程的必要性。项目第一阶段已于 2018 年第四季度技术规范制定后开始实施。根据设计决策，将技术数据库分为当前数据库和存档数据库两部分，以提高自动化系统性能。将技术数据库划分为当前和存档两部分使得当前数据库表格中条目减少，从而提高查询执行速度，减少服务器执行查询所需的计算资源。将当前数据库与测试数据库中查询执行结果和服务器过程进行对比，可以看到新数据库结构的开发和数据重组将使服务器资源使用量显著减少（在某些情况下减少了九倍）。

此外，在 2018 年，由于乌克兰国家知识产权局组织结构变化，商标自动化系统和外观设计专利自动化系统得到改进。因此，亟须建立适当机制，以扩展文件部职能、增加文件部工作。这种机制以多功能软件模块形式创建，可帮助该部门专家实现如下功能：

（1）在发出商标注册决定及外观设计专利授予决定后，收到各部门的申请；

（2）将申请分发给部门员工进行处理；

（3）登记相关费用和国家税支付文件；

（4）控制管理国家义务时限和出版费缴纳期限；

（5）准备并送交专利和证书号的进一步转让申请；

（6）起草致申请人的信函；

（7）根据申请人要求，变更申请材料；

（8）将申请送至审查部门处理；

（9）将申请送至档案库存储；

（10）识别文档及申请的条形码；

（11）自收到决议（意见）之日起，控制国家税和出版费缴纳期限；

（12）计算与商标和服务商标申请有关的出版物费用，并考虑类别和数量。

此外，该自动化系统软件还进行了大量其他调整、改进和变更，将有助于提高人体工程学性能及系统性能。

对输出文件自动化系统作出以下改进：

（1）创建启动器软件模块，以提高系统稳定性，确保可用性，并进行软件更新；

（2）变更外部废除文件服务器程序，以确保发送到电子交互系统或电子邮件的文件无法被废除或删除；

（3）变更将“文件”列表的检索结果划分为不同文件集的快速搜索模块，并在检索结果中包含通过电子邮件和审查机构及有关方的电子交互系统（以下简称 EIS EAP）发送的文件；

（4）变更“向 EIS EAP 发送文件”及“通过电子邮件发送文件”服务程序，以提高工作稳定性。

对外观设计专利自动化系统做出以下改进：

（1）创建新形式的输出文件（包含关税的支付通知和申请付款期限的更新通知），并实施相应技术操作算法；

（2）修改合法副本的标题页及原始文件“P-11”初始数据的电子版；

（3）允许外观设计专利技术自动化系统与 EIS EAP 进行交互。

为确保外观设计专利技术自动化系统与 EIS EAP 进行交互，对该自动化系统的服务器和客户端软件作出以下变更：

（1）建立了一系列服务器程序，可通过 EIS EAP 对申请人与审查机构间所有通信过程进行管控；

（2）将伊利斯科雷姆斯（Elis Claims）表添加至外观设计专利自动化数据库，以存储通过 EIS EAP 进行通信的申请信息；

（3）为该自动化系统客户端新增输出文件原始数据编写功能；

（4）创建输入文件、技术操作及输出文件的对应类型和形式；

（5）变更文件管理数据库结构以确保存储 EIS EAP 用户信息，并将原始文件发送给相关用户；

（6）变更文件管理服务器的输出文件创建功能及总务部传送功能。

变更商标自动化系统，以确保在送交和接收文件过程中实现自动化系统与 EIS EAP 的交互。

三、电子文件管理

（一）技术文件电子化管理

由于所有文件均可被分为两类，即与 IPR 申请处理相关的技术文件和通用文件，因此，从一开始，乌克兰国家知识产权局就分两个方向对电子文件管理展开研究，并在实践中采取不同措施。

2006 年，乌克兰国家知识产权局启动了技术电子文件管理系统开发项目，为新版发明自动化系统创建及 2008 年试运行奠定基础。在新版发明自动化系统中，根据电子文件管理方案处理申请。由于对申请过程的控制、纸质文件文档的显著减少和进一步处理文件文档的快速电子路径的产生，发明和实用新型申请过程中各阶段的工作效率和质量显著提升。

2018年，商标自动化系统和外观设计专利自动化系统实现了结合电子文档管理的优势，以确保新文件处理部（创建于2018年年初）功能的自动化，并对文件生成、注册、操作路径、文件签署、期限控制、文件和申请自动化条码识别等多个模块及其他功能进行重大变更。

改进商标自动化系统及外观设计专利自动化系统软件，将电子文件管理纳入商标、服务商标和外观设计专利申请处理全过程。

（二）通用文件电子化管理

2002年，基于记录管理系统（RMS“Dilo 8.0”），创建了首个通用文件电子文件管理系统。虽存在缺陷（文件正文不以电子形式存储），该系统仍运作至2015年。同年，完成了新通用文件管理自动化系统的开发和试运行。2017年，不再流通纸质版正式照会、指令、信函和其他文件。

在2017年和2018年，通用文件管理自动化系统对该系统功能扩展提出了新要求。基于此要求，乌克兰国家知识产权局于2018年第三季度完成了设计解决方案的开发，确定了软件模块更新的要求、方法和顺序，扩展该系统的服务功能。

四、在线服务电子交流

将电子服务全面引入社会生活，是实现乌克兰内阁2017年9月20日第649-r号文件批准的乌克兰电子政务发展设想的主要措施之一。作为工业产权申请审查机构，乌克兰国家知识产权局依法为广大用户提供一系列专利信息服务。为了确保这些服务的质量和效率，乌克兰国家知识产权局开发了特殊的信息系统，以实现与用户间的远程访问和电子交互，对升级和功能扩展进行了概述，以改进系统并确保技术符合当前规划要求。

目前，乌克兰国家知识产权局引入并开发多个系统，以满足申请人及知识产权领域其他各类消费者的信息需求。这些系统包括：电子申请提交系统（EAFS）、审查机构与相关方的电子交互系统（EIS EAP）、交互数据库，以及信息与检索系统。

2018 年成绩斐然：完成 EIS EAP 创建项目、改进 EAFS（2017 年启动）并实现了乌克兰国家知识产权局电子文件管理与执行机构电子交互系统（EIS EA）的系统间集成。

EIS EAP 功能丰富，可实现电子文件工作自动化。在获取和保持知识产权有效性过程中，各方可通过电子交互门户网站、SFTP 服务器和电子邮件服务器等渠道进行文件交流。在 2018 年 EIS EAP 创建的最后阶段，实现了 EIS EAP 与乌克兰国家知识产权局其他自动化系统的交互。为通过 EIS EAP 与审查机构进行交互，每个用户需注册一个客户区，随后可获得该客户区并使用客户区内全套服务功能。

EIS EAP 创建设想为用户带来便利，提供了全套文件交流电子服务（包括提交各类知识产权的申请）。预计在 EIS EAP 运作的特定阶段（即该系统更便利、更先进的阶段），它将取代现有的 EAFS 系统。但目前，由于 2018 年提交的所有申请的第四部分均为电子形式，因此仍需使用 EAFS 系统。在 EAFS 改进措施的框架内，2018 年作出如下改进：

（1）新机制引进后，可生成附带外观设计专利复制品的文件（文件由该系统根据申请人的提供的描述和复制品自动生成，申请人无须将电子数字签名附在各个复制品上，附在通过本系统生成的完整文件中即可）；

（2）引入了专利代理人间（或以书面形式进一步通信）的申请传输机制（通过 EAFS 提交的申请）；

（3）变更文件及申请注册机制，以提高效率。

2018 年第四季度，乌克兰国家知识产权局启动新项目，创建了由乌克兰国家知识产权局提供的客户在线服务区（COAS）。COAS 是一种互联网服务，旨在让用户以最简单便捷的方式使用服务订购功能，让用户与乌克兰国家知识产权局指定专家进行通信，专家可提供付费服务。

此外，2018 年，开发和完善统一机制以有效更新乌克兰国家知识产权局交互式数据库，并创建专门的信息检索系统以获取某些内部和外部信息源的小组项目成功开展。项目规模空前，成果喜人。实施该项目将确保实时更新工业产权信息，且信息检索系统将（通过电子数字签名）提供对 IPR 电子档案特定部分的公开和授权访问。该项目于 2018 年第二季度启动。至年末，已完成系统设计、数据结构开发、子系统“更新”和“刷新”的软件开发及测试，项目进度过半。

五、发展信息技术基础设施

2018 年，乌克兰国家知识产权局着力开发信息技术基础设施，旨在构建计算机网络的高可用性核心，同时提高网络承载量、安全性及可控性。

2018 年第二季度，为实施信息技术基础设施发展计划，乌克兰国家知识产权局购买了标准软件（服务器操作系统）许可证，即：

（1）Microsoft Windows Server 2016 数据中心版；

（2）四核处理器 Microsoft SQL Server 2016 企业版。

该软件的更新提高了乌克兰国家知识产权局两个数据库服务器（EL-LAV 和 FOX）的处理能力，实现了服务器虚拟化，提升了自动化系统的功能和安全级别。

为替换局域网（LAN）核心，增加其带宽和故障安全容量，2018 年第三季度购买并使用了新通信设备，包括 HPE SN3000B 网络交换机（SAN）、Aruba 2930M 48G 和 Aruba 2930M 24G 局域网交换机。所有交换机均有两个电源。

此外，2018 年第四季度，新计算机（服务器）设备作为 HPE Proliant

DL380 Gen10 服务器、HPE 3Par StoreServ 7200 存储系统和 HPE MSA 2050 存储设备、UPE HPE R5000 UPS（不间断电源）和 HPE R/T3000 G4 UPS 的一部分投入运行。2018 年新信息系统的技术组件投入运行，可提高现有系统的功率和运行速度。数据存储容量增加，可容纳信息量随之扩大。不间断电源则用于在无电压情况下增加服务器运行时间。

此外，乌克兰国家知识产权局还更新了连接到本地计算机网络用户的防病毒保护（Eset 终端防护进阶版）。2018 年，为确保工作站性能优异、工作稳定，并符合人体工程学和环境安全标准的要求，淘汰了过时设备，并将 70 多台现代计算机和宽屏液晶显示器投入使用。

为保证乌克兰国家知识产权局自动化系统的系统和应用软件及上述软硬件的效率和可用性，亦为维护数据库的完整性，乌克兰国家知识产权局对技术自动化系统资源实施集中管理和监控。为进行诊断和分析，乌克兰国家知识产权局引入特殊软件，极大地提高了管理员对乌克兰国家知识产权局计算机和信息环境的维护效率。

特别是，乌克兰国家知识产权局使用 Zabbix 3. 4 版监控系统监控各种服务、服务器和网络设备的状态及参数稳定性。若参数偏离了设置范围区间，系统将自动更正或通知管理员。

第七章

知识产权保护领域的法律支持

一、知识产权保护领域的监管和方法支持

2018 年，乌克兰国家知识产权局在其职权范围内参与了立法工作，处理并提交了乌克兰议会（乌克兰最高苏维埃）正在审议的乌克兰法律草案的有关评论和建议，主要包括以下内容：

（1）“关于修改乌克兰改进地理标志法律保护的具体法案”（第 6023 号条例[1]）；

（2）“关于修改乌克兰改进发明和实用新型法律保护的具体法案”（第 7538 号条例）；

（3）“关于修改乌克兰改善知识（工业）产权保护的具体法案”（第 5699 号条例）；

（4）“关于修改乌克兰改善半导体产品拓扑图保护的具体法案”（第 5694 号条例）。

[1] “条例”指《乌克兰法律草案》，下同。

2018 年，为完善工业产权保护领域的法律法规，提高申请审查质量，对以下文件进行了更新：《商标申请（国际注册）起草、提交和审查规则》《专利申请及实用新型申请起草、提交规则》《专利申请及实用新型申请审查规则》及《外观设计申请审查规则》。

乌克兰国家知识产权局开展了一系列活动，旨在改善乌克兰地理标志法律保护工作，特别是根据《乌克兰—欧洲联盟联合协定》，在乌克兰受到保护的欧盟地理标志清单的更新升级工作已准备就绪后，将向公众通报《乌克兰—欧洲联盟联合协定》附件二十二 C 和二十二 D 的修正案，允许有关各方对欧盟新地理标志注册提出异议，并使乌克兰的地理标志在欧盟得到认可。此外，乌克兰国家知识产权局还提供了关于此类地理标志的信息及关于保护乌克兰地理标志的其他信息和分析材料。

2018 年，乌克兰国家知识产权局开展多项活动以促进审查方法的改进。因此，2018 年，发布了《乌克兰国家知识产权局指令》，批准了商标和服务商标申请审查信息库清单（截至 2018 年 1 月 22 日第 18 号）；修改了商标和服务商标申请具体审查事项准则；改进了关于合格货物原产地标记的报告和意见形式，以及费用和关税支付通知形式等。此外，根据乌克兰法律“关于保护个人数据”的要求，乌克兰国家知识产权局修改了公布商标和服务商标申请数据的程序，并批准了修订版《互联网商标申请数据公布程序》。

为促进广播公司遵守乌克兰现有法律，规范酒精饮料生产商标和服务商标的赞助方式，乌克兰国家知识产权局参与起草了《就利用酒精饮料生产商标进行赞助问题对乌克兰国家广播电视委员会的建议》。

2018 年，乌克兰国家知识产权局向自然人和法人提供法律咨询、意见和法律建议 500 多条，内容涉及工业产权获取和保护的各个方面。

2018 年，为履行知识产权法律保护国际条约下的承诺，乌克兰国家知识产权局采取了一系列措施，主要包括以下内容：

（1）根据国家现有法律，编写了关于修订 WIPO 管理下某些国际条约文本的成套文件。

（2）提供了外国请求的潜在申请人在进行国际审查和（由乌克兰国家知识产局执行的）国际初步审查时所需费用明细及数额信息。

（3）受理了上述文件及对 WIPO 成员国大会第 58 届系列会议综合议程草案（WIPO 文件 A/58/1 PROV. 2）提出的建议；受理了秘书处编写的议程项目文件清单（WIPO 文件 A/58/2 PROV. 1）中涉及文件；并根据乌克兰代表参与 WIPO 委员会和工作组工作的情况，对乌克兰代表团在本次活动上的一般性发言内容提出了建议。

（4）分析了独立国家联合体（CIS）的法律和监管框架，并对乌克兰中止在 CIS 框架内缔结的知识产权问题国际条约的计划表明了坚定立场。

（5）分析了 2019 年 2 月 1 日生效的《商标国际注册马德里协定及该协定有关议定书的共同实施细则》新条例第 27 条第二款、第 27 条第三款和第 40 条第六款，并编写了相应通知草案。

二、为上诉庭受理异议及乌克兰驰名商标申报请求活动提供组织和技术支持

乌克兰国家知识产权局依法为乌克兰经济发展与贸易部上诉庭的活动提供组织和技术支持。

2018 年，上诉庭由乌克兰国家知识产权局 32 名专家组成，其中 12 名专家负责受理与发明和实用新型申请决定相关的异议，20 名专家负责受理与外观设计申请决定相关的异议及乌克兰驰名商标的申报请求。

2018 年，共受理申请决定的异议 153 件，其中 102 件于 2018 年当年提出（见表 7-1），其余 51 项于前几年提出。

表 7-1　上诉庭当年受理申请决定的异议（2014—2018 年）　　单位：件

类　目	2014 年	2015 年	2016 年	2017 年	2018 年
发明	11	10	15	11	8
实用新型	5	—	4	1	—
外观设计	—	—	1	—	—
商标和服务商标	71	85	99	91	94
总量	87	95	119	103	102

乌克兰国家知识产权局为异议及申请的受理提供的支持包括：

（1）上诉庭审判委员会举办会议 252 次；

（2）起草程序文件 1771 件，包括 MEDT 的指示、听证记录、通知及信函等；

（3）共计生成 MEDT 关于已批准决定的命令 93 条，编写 93 项批准决定的适当文本，并在 MEDT 网站上发布。

2018 年，上诉庭核准异议决定 84 件，其中维持异议 38 件，部分维持异议 2 件，驳回异议 44 件（见表 7-2，图 7-1）。

表 7-2　上诉庭对异议的决定（2014—2018 年）

	2014 年		2015 年		2016 年		2017 年		2018 年	
	数量（件）	占比	数量（件）	占比	数量（件）	占比	数量（件）	占比	数量（件）	占比
决定	128	100%	81	100%	104	100%	103	100%	84	100%
维持异议	33	25. 8%	38	46. 9%	69	66. 3%	64	62. 1%	38	45. 2%
部分维持异议	2	1. 6%	5	6. 2%	2	2. 0%	4	3. 9%	2	3. 6%
驳回异议	93	72. 6%	38	46. 9%	33	31. 7%	35	34. 0%	44	52. 4%

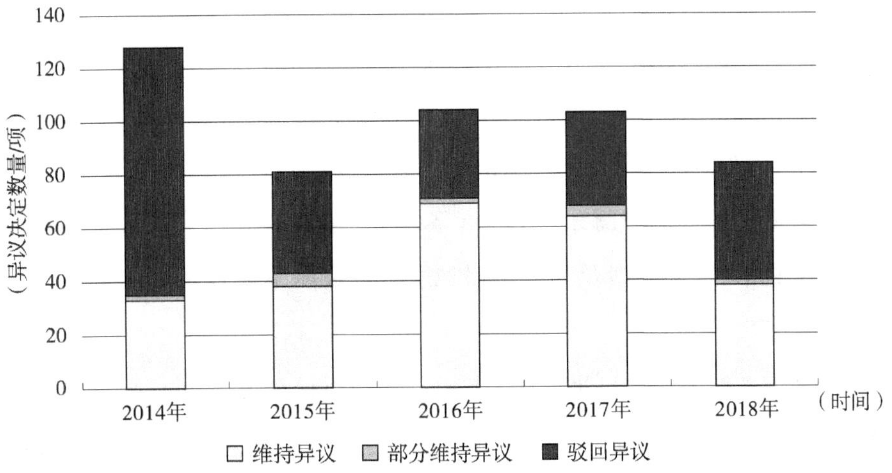

图 7-1 上诉庭对异议决定的结果（2014—2018 年）

共受理驰名商标的申报申请 21 件，其中 13 件于 2018 年提交，8 件于前几年提交。批准申请乌克兰驰名商标申请的决定 8 项、驳回申请决定 1 项（见表 7-3）。

表 7-3 对申请乌克兰驰名商标申请的处理（2014—2018 年） 单位：项

		2014 年	2015 年	2016 年	2017 年	2018 年
提交申请数量		4	12	30	20	13
裁决	批准	10	6	12	20	8
	驳回	—	—	—	3	1

三、知识产权执法援助

2018 年，乌克兰国家知识产权局代表参与并处理有关知识产权保护所有权证明及 MEDT 决定的案件 500 多起。此外，编写与上述诉讼有关的程序文件 516 件，参加庭审 1664 次，受理法院判决 261 件。

2018 年共启动诉讼 203 起，其中涉及商标和服务商标 145 起，发明专利 20 起，外观设计专利 21 起，实用新型专利 17 起。根据管辖权将这些诉讼归类如下：

（1）经济法庭审理案件 92 起；

（2）民事法庭审理案件 78 起；

（3）行政法庭审理案件 33 起。

在涉及商标和服务商标的 145 起案件中，涉及保护所有权证明书效力提前终止的有 43 起，涉及 MEDT 保护所有权证明书无效及 MEDT 决定的有 102 起。

为遵守法院判决，已采取相关措施，执行诉讼请求 91 件，取消执行诉讼请求 28 件、履行法院判决 75 件，共发送了关于执行法院判决的文件 568 件。

2018 年，法院判决宣布无效商标和服务商标 40 件、无效外观设计专利 11 件、无效实用新型专利 8 件，无效发明专利 1 件（见表 7-4）。

表 7-4　法院判决无效的所有权证明书（2014—2018 年）　　单位：件

工业产权	2014 年	2015 年	2016 年	2017 年	2018 年
无效发明专利	—	—	2	1	1
无效实用新型专利	8	8	8	4	8
无效外观设计专利	45	39	6	5	11
无效商标和服务商标	60	31	29	31	40
总量	113	78	45	41	60

四、受理知识产权保护和执行的公众申诉

2018 年，乌克兰国家知识产权局共受理申诉 255 起，其中自然人申诉 183 起，法人申诉 28 起，政府当局申诉 44 起（见表 7-5）。

表 7-5　各人员分类及申诉类别下乌克兰国家知识产权局接收的申诉（2018 年）

单位：起

分类	投诉	申请	信息请求	总量
自然人	7	99	77	183
法人	—	20	8	28
政府当局	—	—	44	44
总量	7	119	129	255

上述申诉根据乌克兰法律“关于公众申诉”“关于乌克兰人民代表地位”“关于倡导和倡导实践”“关于获取公共信息”规定的程序和时限受理。

5 天内受理申诉 100 起（占申诉数量比例为 39%），10 天内审议申诉 50 起（占申诉数量比例为 20%），15 天内受理申诉 48 起（占申诉数量比例为 19%），30 天内审议申诉 56 起（占申诉数量比例为 22%）。

与 2017 年相比，乌克兰国家知识产权局在 2018 年收到的申诉总量减少了 5%。

在 2018 年受理的公众申诉中，49% 的申诉（投诉和申请）来自自然人和法人，51% 的申诉来自政府当局和律师的信息请求。值得注意的是，2017—2018 年，申请数量略有下降（5.7%），但信息请求数量大幅增加，平均增加了 3.6 倍。乌克兰国家知识产权局受理的申请概况如图 7-2 所示。

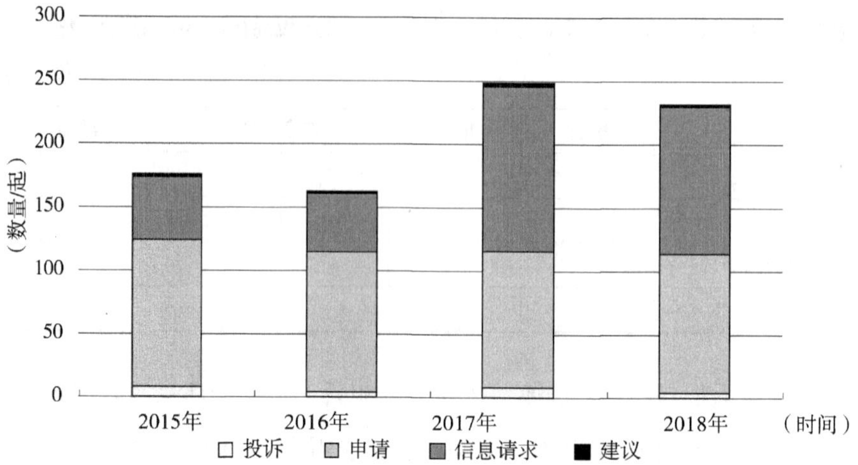

图 7-2　乌克兰国家知识产权局受理的申诉（2015—2018 年）

信息请求申诉当事人的信息请求分布情况表明，乌克兰国家知识产权局 2018 年受理的请求中，53% 来自律师，表示希望获得关于注册知识产权及申请程序的信息；34% 来自政府当局；13% 包含信息请求和公共信息请求。乌克兰国家知识产权局受理的信息请求类型占比及趋势概况如图 7-3 所示。

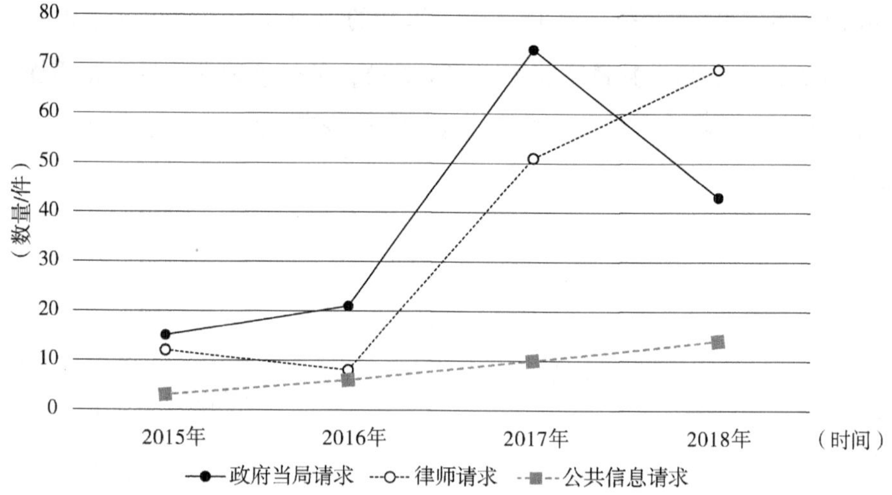

图 7-3　乌克兰国家知识产权局受理的信息请求（2015—2018 年）

乌克兰国家知识产权局在其职权范围内提供了 IPR 保护所有权证明书国家登记簿信息，以满足 2018 年政府当局的信息请求，并提供了关于法律条款的信息，特别是调节权利获取、权利处置和侵犯知识产权的法律条款信息。

申诉中提出的问题主要涉及以下几个方面：提供关于获取知识产权和利用发明的程序信息（共 21 件）、审查工业产权申请的程序和对申请决定的异议（共 49 件）、工业产权的执行和保护（共 28 件），以及提供工业产权的参考信息（共 157 件）。

第八章

公众获取知识产权保护相关信息的途径

一、乌克兰国家知识产权局的互联网资源

2018 年，乌克兰国家知识产权局继续更新、改进官方网站。该网站有 400 多条乌克兰文、英文双语信息。网站中，根据乌克兰国家知识产权法律保护体系中发生的热点事件及时更新网站动、静态内容。网站发布 500 多份大型会议、研讨会、小型会议的影像资料，定期更新某些章节和小节（工业产权、数据库及信息和参考系统、专利信息汇编、专利信息用户、接受电子信托服务等），为其体系内专家、申请人和相关方提供帮助。

乌克兰国家知识产权局网站是最受乌克兰人民喜爱的网站（占互联网总访问量的 88%）。2018 年，乌克兰国家知识产权局网站的访问量超 63 万人次，较去年增加 8.3 万人次。Web 资源导航页面的访问量超 150 万（见图 8-1）。网站国外访问者人次占比见图 8 2。

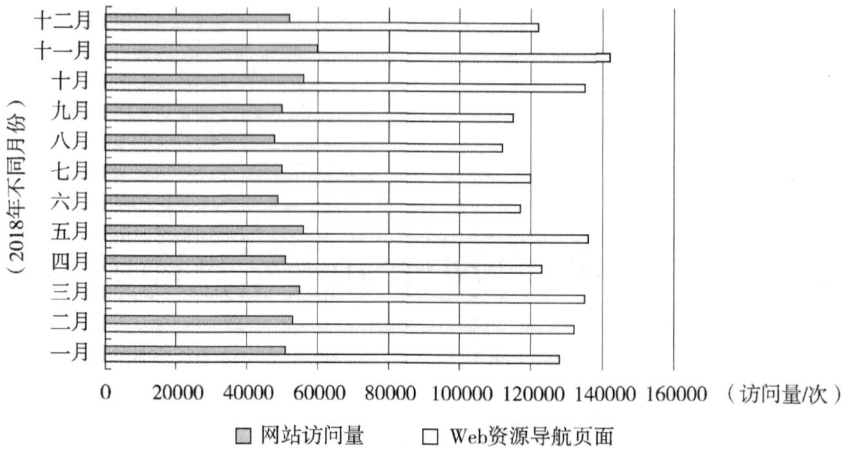

图 8-1　乌克兰国家知识产权局官方网站访问者人次（2018 年）

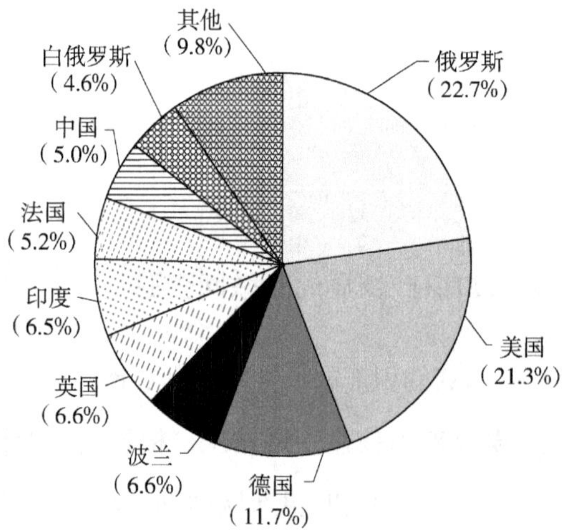

图 8-2　乌克兰国家知识产权局官方网站的国外访问者人次占比（2018 年）

2018 年，乌克兰国家知识产权局实现了对专利信息服务、咨询与创新活动促进部、工业产权互联网交易平台和创意工厂等网络资源信息内容的开发和支持。

创新信息资源——工业产权互联网交易平台提供关于专利发明、实用新型、外观设计专利和商标的信息，以在市场中推广发明和其他工业产权，积极寻找潜在投资者，提高工业经济部门交易量。

创意工厂旨在发现、支持和促进天资卓越学生、青年科学家、发明家及研究者的发展。

指定的互联网资源向用户提供关于合作伙伴、投资者、相关赠款、竞赛、会议，以及研究项目的必要信息。

在 2018 年，乌克兰国家知识产权局分别在工业产权互联网交易平台和创意工厂中制作、投放及更新的项目总量分别为 138 个和 205 个。

2018 年，在乌克兰国家知识产权局脸书官方网页上发布出版物 140 多件、照片和插图 300 多张。

2018 年，为确保乌克兰国家知识产权局网站更新及时、资讯齐全，乌克兰国家知识产权局定期监管全部有关专利信息、文件和标准化的章节和小节，此外，持续更新以下小节的信息：

（1）WIPO 标准、“工业产权”官方公报、乌克兰发明和实用新型专利规范、国际分类、公共专利文献汇编，以及“专利信息用户”章节下的“一般性信息”“专利信息和文献新闻”及“欧洲专利局（EPO）学习和参考资料免费提供”小节；

（2）更新了“数据库及信息与参考系统”小节中知识产权国际分类信息与参考系统清单；

（3）每季度更新一次超链接章节中可免费访问的在线外国数据库地址清单和科学技术数据库与参考资源清单。

在关于名人、纪念日及重大事件的主题出版物循环展示框及“文章和事件材料”章节中发布了 10 篇文章。

二、交互式数据库和信息与参考系统

数据库作为世界知识产权领域互联网资源的一部分，所提供的信息必须完整、可靠、相关，且符合 WIPO 标准建议。

乌克兰国家知识产权局工业产权网站包含9个数据库（DB）和6个信息与参考系统（IRS），它们在乌克兰受到法律保护，即：

（1）“电子版‘工业产权’官方公报汇编”数据库；

（2）“乌克兰发明（实用新型）”专用数据库；

（3）“关于接受审查的发明申请的信息”的集体访问数据库；

（4）“乌克兰注册商标和服务商标”数据库；

（5）“乌克兰驰名商标信息”数据库；

（6）“接受审查的商标和服务商标申请”的交互式数据库；

（7）“在乌克兰注册外观设计专利”的交互式数据库；

（8）关于在乌克兰注册的合格货物原产地标记的信息；

（9）欧洲足联及其商业伙伴知识产权的自动化数据库；

（10）“发明和实用新型申请起诉状况”信息与参考系统；

（11）“乌克兰发明专利（实用新型）失效或过期信息”的信息与参考系统；

（12）“商标和服务商标申请进展情况”信息与参考系统；

（13）“乌克兰商标和服务标志证书终止或失效信息”的信息与参考系统；

（14）“外观设计申请进展情况”信息与参考系统；

（15）“乌克兰外观设计专利失效或过期信息”的信息与参考系统。

为改善上述资源，特别是为保障以电子方式发布的知识产权相关数据的信息内容、真实性和质量并对其进行了持续监控，2018年乌克兰国家知识产权局改进了以下数据库和信息与参考系统的所有语言版本：

（1）“工业产权”官方公报汇编、乌克兰发明（实用新型）、乌克兰注册的外观设计专利及乌克兰驰名商标信息的电子版；

（2）关于商标和服务商标、外观设计专利、发明和实用新型专利申请进展情况的信息，以及关于失效或过期乌克兰发明（实用新型）专利的信息。

此外，4 个知识产权国际分类的信息与参考系统在乌克兰国家知识产权局网站上投入使用，有关信息见第五章。

三、官方及信息出版物

2018 年，乌克兰国家知识产权局每月定期发布“工业产权”官方公报两次，每年定期发布“版权及相关权利”官方公报四次。另外，还发布了 2018“工业产权”官方公报的国家注册目录及年份索引。

每季度发布“数字化工业产权、乌克兰经济发展和贸易部和国营企业乌克兰国家知识产权局绩效指标”的统计回顾研究报告一次，并提供关于居民申请人提交申请、注册工业产权，以及创造性活动的统计信息和分析材料。

2018 年乌克兰各类工业产权出版物数量见表 8-1。

表 8-1　乌克兰各类工业产权出版物（2018 年）　单位：件

出版物类型	数量
可接受审查的发明申请	4021
发明专利	2469
实用新型专利	8620
外观设计专利	2297
商标和服务商标证书	15918
驰名商标	11
注册合格货物源产地标记和（或）接受审查的合格货物源产地标记使用权的申请	2
注册合格货物源产地标记	3
注册合格货物源产地标记使用权	4
根据《商标国际注册马德里协定及该协定有关议定书》注册且在乌克兰受到保护的商标	7332

四、公共专利文献汇编

为满足乌克兰公众在知识产权创造、法律保护和使用过程中研究和分析必要专利信息的需要，公共专利文献汇编（PPDC）在专利信息服务、咨询与创新活动促进部的架构内发挥作用。

长期以来，与外国专利局进行国际专利文件交换一直是 PPDC 获得专利文献的主要途径。

在 2018 年，PPDC 国内外专利文献数量持续增加，特别是光盘增加 443 张。截至 2019 年 12 月 29 日，光盘上 PPDC 共包含官方公报副本约 20700 件，附有专利文献的光盘 33900 多张。

PPDC 还提供有关科学技术文献、方法和参考信息的出版物及期刊。2017 年 4 月，WIPO 文献托存图书馆作为 PPDC 的一部分免费开放。

PPDC 通过阅览室和远程访问模式直接或间接向公众提供专利信息服务。

PPDC 内容及季度更新信息发布于乌克兰国家知识产权网的适当章节及其专利信息服务、咨询与创新活动促进部的网页（http://iii.ua/）上。

五、国家知识产权保护体系出版物的发行

在 2018 年，国家知识产权保护体系（光学载体上）出版物的发行采取付费制和免费制。

特别是，目前可以通过国家专利文献光盘版“工业产权”官方公报及包含发明或实用新型专利规范的“乌克兰发明”国家光盘，免费获取乌克兰某些组织的专利文献汇编。

根据乌克兰经济发展与贸易部批准的免费发行登记簿发行专利文献。此外，指定出版物及其他光学载体专利信息产品付费发行。

可通过乌克兰国家知识产权局网站上“光学载体专利信息产品”章节

访问有关专利信息产品的数据。2018 年光学载体上的国家专利信息产品发行情况见表 8-2。

表 8-2　光学载体上专利信息产品的发行情况（2018 年）　单位：张

专利信息产品	免费发行				付费发行
	乌克兰组织		知识产权局或组织		
	6 个月	12 个月	6 个月	12 个月	
“知识产权”官方公报光盘	40	31	9	7	1
“乌克兰发明”光盘	28	23	4	4	—
“乌克兰商标和服务商标”光盘	2	1	—	—	3
“乌克兰工业品外观设计”光盘	—	—	—	—	1
“版权及有关权”官方公报光盘	28	12	—	—	—
“乌克兰商标及服务标志”DVD	—		—		2

六、知识产权领域专利信息服务和咨询

2018 年，乌克兰国家知识产权局专利信息服务、咨询与创新活动促进部根据现行程序缔结协议 9950 项，以满足法人和自然人在获取和利用知识产权服务方面的需求。

2018 年，大部分缔结合同大体涉及以下类型的专利信息服务：

（1）利用乌克兰国家知识产权局信息数据库检索相同或相似的名称；

（2）根据用户要求提供服务，以确定申请商品和服务商标的审查截止日期；

（3）按主题进行名称检索和专利检索。

2018 年，已免费提供一般性和信息性问题的资讯服务。

在审查期间，乌克兰国家知识产权局信息服务、咨询与创新活动促进部收到请求 39210 项，其中包括：

（1）电话接收请求 37312 项；

（2）个人接待访客接收请求 1898 项。

每日开展常见问题免费咨询活动，即：

（1）与获得知识产权法律保护的流程及知识产权（尤其是商标和服务商标）保护费用有关的问题；

（2）与在网络数据库和信息参考系统中检索与专利及信息有关的问题。

据乌克兰司法部调查显示，在2018年度内对乌克兰知识产权数据的名称（公司）专利的免费检索有2761次。

2018年，向知识产权保护所有权证明书的申请人和所有人提供了实用方法援助，援助涉及知识产权商业化及披露资产负债表中无形资产使用情况和相关交易税收等。

第九章

参加知识产权领域国际合作发展活动

经乌克兰经济发展与贸易部（MEDT）批准，乌克兰国家知识产权局参与了知识产权领域众多国际合作活动。

一、同世界知识产权组织合作

2018 年乌克兰国家知识产权局的专家参加了 WIPO 的活动，严格遵循重要决定的裁决程序以及时做出反应，确保乌克兰在充分考虑国家利益的情况下参与 WIPO 政策落实。为此，乌克兰专家定期参加 WIPO 决策机构及其主要委员会和工作组的工作。

2018 年 1 月 24 日至 28 日，WIPO 创新与技术部门副总干事约翰·桑德奇（John Sandage）与转型与发达国家部高加索国家、中亚和东欧国家局项目干事叶夫根尼·塞茨基（Evgeniy Sesitsky）正式访问乌克兰。约翰·桑德奇的职责包括根据《专利合作条约》管理国际专利系统，负责 WIPO 仲裁与调解中心的运作，支持专利法常设委员会和为不同国家提供该领域的法律咨询。值此之际，乌克兰国家知识产权局被重新指定为 PCT

国际检索单位和初步审查单位，有效期至 2027 年 12 月 31 日。

在访问乌克兰国家知识产权局期间，WIPO 代表团与乌克兰国家知识产权局的管理人员和专利审查员举行了会议，提到乌克兰国家知识产权局国际检索数量显著增加。

此外，WIPO 代表团访问期间，举行了一次圆桌会议。会议由 MEDT 主持，乌克兰专利代理人和商界代表参加。会议讨论了 PCT 体系的运作、乌克兰国家知识产权局作为 ISA/IPEA 的作用、有效的技术转让和发明支持、改进国家立法、推广外国专利、参照国际准则有效解决域名争议的机制等问题。

2018 年 2 月，乌克兰国家知识产权局的专家参加了 ISA 和 IPEA 质量小组年会及专利合作条约国际单位会议（PCT/MIA）。值得注意的是，自 2014 年被指定为 ISA 或 IPEA 起，乌克兰国家知识产权局专家便每年参加会议。自 2016 年 2 月 5 日乌克兰国家知识产权局开始作为 ISA 或 IPEA 运作后，参与上述活动变得更为重要。

2018 年，37 名乌克兰专利专家参加了 WIPO 委员会和工作组的会议（见表 9-1）。

表 9-1　乌克兰国家知识产权局专家参与的 WIPO 活动

活动	活动地点及日期
IPC 联盟专家委员会：第五十届关于 IPC 重新分类工作清单管理制度问题的 IPC 工作组会议	瑞士日内瓦 2018 年 2 月 5 日至 10 日
专利合作条约国际单位会议：第二十五届国际检索和初步审查单位质量小组会议	西班牙马德里 2018 年 2 月 19 至 23 日
知识产权和遗传资源、传统知识和民间文学艺术政府间委员会：第三十五届会议	瑞士日内瓦 2018 年 3 月 19 至 23 日
IPC 修订工作组：第三十九届会议	瑞士日内瓦 2018 年 4 月 23 日至 27 日
商标、工业品外观设计和地理标志法律常设委员会：第三十九届会议	瑞士日内瓦 2018 年 4 月 23 日至 26 日

续表

活动	活动地点及日期
尼斯联盟专家委员会：第二十八届会议	瑞士日内瓦 2018 年 4 月 30 日至 5 月 4 日
计划和预算委员会：第二十一届会议	瑞士日内瓦 2018 年 5 月 14 至 18 日
专利合作条约工作组：第十一届会议	瑞士日内瓦 2018 年 6 月 18 至 22 日
知识产权和遗传资源、传统知识和民间文学艺术政府间委员会：第三十六届会议	瑞士日内瓦 2018 年 6 月 25 日至 29 日
专利法常设委员会：第二十八届会议 知识产权组织专利和标准信息会议	瑞士日内瓦 2018 年 7 月 9 日至 13 日
知识产权和遗传资源、传统知识和民间文学艺术政府间委员会：第三十七届会议	瑞士日内瓦 2018 年 8 月 27 至 31 日
WIPO 成员国大会：第五十八次系列会议	瑞士日内瓦 2018 年 9 月 24 日至 10 月 2 日
知识产权和基因资源、传统知识和民间文学艺术政府间委员会：第三十八届会议	瑞士日内瓦 2018 年 12 月 10 至 14 日

WIPO 的首要活动之一是组织知识产权领域的培训，旨在提高不同目标受众的专业水平。WIPO 每年都邀请乌克兰专家参加关于知识产权问题的区域研讨会、培训班和讲座。

WIPO 每年定期安排一系列免费虚拟研讨会（网络研讨会）讨论 PCT 体系有关问题，旨在让世界各地的用户了解 PCT 体系的最新进展、变化和更新情况。2018 年，乌克兰国家知识产权局约 30 名专家参加了 WIPO 网络研讨会。

WIPO 与 MEDT 和乌克兰国家知识产权局合作，在乌克兰组织开展了一系列知识产权领域的区域研究和实践活动。

2018 年 4 月，在基辅组织了一次关于在乌克兰建立技术与创新支持中心网络的培训讲习班。该活动的目的是熟悉 WIPO 项目，以协助成员国建立国家技术和创新支持中心网络，并商讨在乌克兰进一步实施该项目的办法。在研讨会上，WIPO 技术和创新支助司司长安德鲁·柴可夫斯基（Andrew Czajkowski）和 WIPO 技术和创新支助司项目干事木萨迪·克侯塞因（Mussadiq Hussain）做了发言。

2018 年 6 月，举办了专利撰写国家讲习班。活动参与者均为乌克兰知识产权领域的专家，包括律师、专利代理人、来自乌克兰不同地区的工业企业、教育机构和研究机构的代表。研讨会的重点是专利申请的起草、提交，已提交申请记录的保存及专利性的法律要求等。

2018 年 9 月，WIPO 与美国法律和公共政策研究联邦主义者协会的联合行动特派团在基辅开展工作，评估对乌克兰法官进行知识产权问题培训的需求，以设立专门知识产权法院。

2018 年，乌克兰专家加入 WIPO 工作组。多年来，乌克兰国家知识产权局一直与世界知识产权组织标准委员会（CWS）合作。该委员会坚守时代原则，重视工业产权信息的协调，以此完善现有标准、制定新标准，以对发明、实用新型、商标和外观设计专利的有关信息进行统一处理并实现共享。

考虑到 WIPO 标准是全球专利信息系统的重要组成部分和工具，乌克兰国家知识产权局专家积极参与其主要活动领域内一些 CWS 项目的实施，除了作为其工作组的主要成员编写、提交有关提案和建议供工作组审议，还在各种问卷中提供所有必要信息。

特别是在 2018 年，乌克兰国家知识产权局专家作为五个 CWS 工作组的成员，通过维基在线论坛参与了 WIPO 新标准的制定、更新以及其他 CWS 项目，即：

（1）起草“对交换外观设计专利法律状态数据的建议”并更新 WIPO 新标准第 27 条、第 37 条和第 26 条；

（2）提供必要的支持，更新《WIPO 工业产权信息与文献手册》第 7 节，并就建立工业产权办公室专利信息公开体系提出建议。

定期处理由工作组编写并经 CWS 年会核准的文件，以与专利文件和标准化领域的当前趋势保持高度一致。

此外，在与 CWS 进行国际合作的框架内，乌克兰国家知识产权局编写并按照既定程序在 WIPO 专有维基页面（ATR Wiki Space）中上传了英文版 2017 年工业产权信息年度技术信息报告，即：

（1）专利信息活动年度技术报告；

（2）商标信息活动年度技术报告；

（3）外观设计专利信息活动年度技术报告。

二、同欧盟合作

2018 年 4 月，参与欧盟（EU）“支援乌克兰地理标志体系发展”项目的国际专家鲁道夫·施密特博士（Dr. Rudolf Schmidt）访问了乌克兰。针对乌克兰地理标志注册过程的特殊性、EU 与乌克兰地理标志注册体系的差异，以及进一步推动国家注册体系发展的方法展开商讨。

2018 年 10 月，乌克兰国家知识产权局专家与 EU 地理标志项目专家举行了一次工作会议。EU 高级专家豪尔赫·高曼（Jorge Goldman）及国内专家奥列纳·娜拉兰克（Olena Nazarenko）和雅罗斯拉夫·安德列夫（Yaroslav Andreiev）对项目进行了介绍。由于某些地理标志用于表明商品来自于克里米亚临时占领区的使用特殊性，会议期间，对此问题也进行了讨论。同时，还考虑了关于欧盟注册地理标志可识别性的问题；标志、商标和服务标志的共存性问题；有关当局对质量达标情况的监测问题，并对国有企业的知识产权问题和因简化知识产权重新注册引起的冲突给予特别关注。

2018 年 12 月，乌克兰国家知识产权局的专家与 EU 地理标志项目专家继续开展合作。这次讨论的重点仍为保护原产地为克里米亚的产品的地理标志及如何防止俄罗斯使用此类地理标志。关键问题在于乌克兰政府机构与EU相关机构在地理标志注册、使用和进一步保护方面开展合作。双方同意提供技术援助，并通过积极对话保持合作。

三、同欧洲专利局合作

2018年，乌克兰国家知识产权局与欧洲专利局（EPO）继续在信息资源利用领域开展双边合作。

2018年3月，乌克兰国家知识产权局的专家参加了EPO欧洲专利网检索系统用户年会。会议讨论了欧洲专利网（EPOQUE Net）发展和完善的有关问题，着重介绍了信息和技术支持方面的创新及新版欧洲专利网的变化。上述信息对乌克兰国家知识产权局作为ISA或IPEA提供专利信息具有重要意义。

此外，EPO开展了一系列关于专利信息问题的免费虚拟研讨会（网络研讨会），约20名乌克兰国家知识产权局的专家参会。

四、双边合作

2018年2月，欧亚专利局（EAPO）代表团对乌克兰国家知识产权局进行了工作访问。EAPO代表团了解了乌克兰国家知识产权局主要机构划分，并与乌克兰国家知识产权局高层和主要审查员开展工作会议。此外，还探讨了以下问题：审查质量的控制与改进、电子申报的特点、申请处理阶段、审查员的责任分工及工作量、审查机构专家的专业发展和评估、技术基础的发展与改进，以及专利检索的实施等。

在2018年，同阿拉伯埃及共和国在知识产权领域展开合作。2018年4月，埃及官方代表团访问了乌克兰，来访人员包括埃及公共企业部部长哈立德·穆罕默德·阿里·恩达维（Khaled Mohamed Ali Badawi）、投资和恢复部部长顾问（奥萨马·穆罕默德·哈利勒·易卜拉欧·埃左（Osama Mohamed Khalil Ibrahim Ezzo）和公共企业部部长办公室主任达丽娅·易卜拉欣·阿明·塔德罗斯（Dalia Ibrahim Amin Tadros）。埃及专家了解了审查员的工作职责，以及乌克兰国家知识产权局的主要活动和重点参与人员。

2018年6月，在以色列注册的美国专利代理人杰罗姆 R. 史密斯（Jerome R. Smith）访问了乌克兰国家知识产权局，分享了有关计算机行业和生物技术领域发明专利的实践经验。

2018年6月底，乌克兰国家知识产权局接待了中华人民共和国国家知识产权局（SIPO）代表团。

在这次活动框架内，双方探讨了中国国家知识产权局和乌克兰国家知识产权局工作的组织原则及对中国和乌克兰国家知识产权局主要部门管理人员开展进一步合作交流的建议。

2018年9月，乌克兰国家知识产权局审查员同格鲁吉亚和欧盟专利代理人举行了一次工作会议。会议中探讨了乌克兰和欧洲立法原则，并明确应在立法过程中考虑：发明主题是否为技术对象；进行国际搜索的特点；EU专利法院的工作领域及其在乌克兰成立的前景，以及许多对目前审查程序重要和有意义的其他问题。

第十章

专业培训、技能提升及知识产权知识的传播

一、知识产权专家技能提升

2018 年，为提升知识产权事务方面的技能，乌克兰国家知识产权局的专家参加了一系列国内外知识产权领域的专门活动。

为发展专业、改进和传播知识产权知识，乌克兰国家知识产权局专家参加了国内多项专门活动。其中包括关于“税收立法变化、房地产产权登记程序、土地立法新变化，以及获得采购货物、工程和服务的公共基金的实践”的培训讲习班；在“作物护理研究所”成立之际举办的活动；与乌克兰专利代理人开展的圆桌会议（会议探讨了“关于改进乌克兰发明和实用新型法律保护的某些法案的修正案”的乌克兰法律草案）；起草专利申请的区域培训研讨会；第三届“创新市场”国际论坛期间的研讨会和会议等。

为按照专业资格基本要求改进和更新知识产权领域的知识，乌克兰国家知识产权局 28 名专家前往敖德萨国立大学法学院基辅知识产权和法律研究

所，攻读知识产权领域硕士学位。

2018 年，乌克兰国家知识产权局的专家还参加了以下有关专利信息活动的活动："标准化的规范性和技术性文件：国家体系发展现状及优先方向"研讨会和讲习班；"信息环境转型下的图书馆馆藏维护"研究与方法研讨会；"图书馆在乌克兰文化和精神复兴中的使命"研究和方法研讨会；"乌克兰科学技术图书馆：发展趋势"研究和方法研讨会；"统一的十进制分类中新内容"研讨会；"Scopus：内容和关键特征"和"Scopus 检索：最佳实践"网络研讨会；"现代图书馆：传统与创新"体验活动；"图书馆、科学、沟通"国际科学会议；"运用最新技术处理信息资源"研讨会等。

二、乌克兰国家知识产权局信息普及和意识提高活动

2018 年，乌克兰国家知识产权局开展了一系列提高公众知识产权意识的活动，以促进其对有关知识的了解，支持和鼓励创造性和创新性活动的开展。

2018 年，乌克兰国家知识产权局与 WIPO 和 MEDT 合作，举办了"创建乌克兰技术和创新支持中心网络"和"专利申请起草问题"区域性国际研讨会。与会者均为乌克兰知识产权领域的专家，包括律师、专利代理人、来自乌克兰不同地区的工业企业、教育和研究机构的代表。

在 2018 年 9 月"发明家和创新者日"之际，乌克兰国家知识产权局举办的一次仪式性会议上，企业专家就知识产权领域的有关问题做了一系列报告：乌克兰国家知识产权局作为国际检索和初步审查单位的职能，对国内申请人创造性活动的分析、对创新性活动的信息支持，乌克兰国家知识产权局电子文献管理系统和信息系统的发展。在该会议中，乌克兰发明专利的持有者及提交符合 PCT 要求的国际申请的申请者获得了荣誉证书。

2018 年 11 月，乌克兰国家知识产权局举办了"工业产权获得、保护和商业化背景下的重要问题"会议。在会议框架下，对乌克兰国家知识产

权局对国家创新发展的推动作用，以及其作为 ISA 或 IPEA 在国际舞台上的活动进行了研究。专利代理人、律师、知识产权专家、科学出版和商界代表出席了会议。会议提出的问题包括：与申请人持续对话、申请提交、处理和审查活动的特殊性、知识产权获得与保护，以及申请人和审查机构间无纸化合作等。

2018 年 11 月，乌克兰国家知识产权局专家参加了“创新市场”国际论坛——这是一次创新者、发明人、生产者、领先创新技术制造商和供应商、创新专家、创业者、商业代表、投资和金融机构代表，以及知识产权顾问们的集会。展览区中设置了乌克兰国家知识产权局展厅，活动期间约 250 万名游客参观。乌克兰国家知识产权局的代表积极参与论坛活动，包括各种会议、小组讨论、“知识产权与创新活动”科学实践研讨会，以及“知识产权马拉松——2018 知识产权马拉松”竞赛等。

为支持知识产权领域教育活动的开展，这次论谈安排了一系列知识产权法律保护博物馆参观活动。参观人员包括：知识产权领域专家、研究生、高中生及大学生，外国官方代表团人员，美国、中国、格鲁吉亚、波兰、欧盟、乌克兰的专利代理人及个人来访者。2018 年该博物馆的访客总数超 300 人。

附 录

附表 1-1
国家及 PCT 程序下各国及地区在乌克兰发明专利申请量

单位：件

国家或地区	国家程序					PCT 程序				
	2014年	2015年	2016年	2017年	2018年	2014年	2015年	2016年	2017年	2018年
合计	2675	2506	2422	2494	2355	2139	1991	1671	1555	1613
乌克兰	2455	2271	2230	2281	2105	2	2	1	4	2
奥地利	5	1	—	—	3	53	41	25	34	29
澳大利亚	1	3	1	—	1	16	12	9	7	8

续表

国家或地区	国家程序					PCT 程序				
	2014年	2015年	2016年	2017年	2018年	2014年	2015年	2016年	2017年	2018年
比利时	2	2	9	7	1	44	39	39	52	44
巴西	—	—	2	—	—	4	5	2	2	—
白俄罗斯	8	—	2	6	3	—	2	1	—	1
加拿大	1	2	—	2	—	20	13	18	14	10
瑞士	7	9	7	3	4	258	229	239	198	216
中国	14	1	—	1	2	27	24	30	32	37
塞浦路斯	2	3	1	5	12	3	—	4	—	1
捷克	2	4	2	1	—	9	15	12	2	7
德国	28	42	20	25	31	311	260	209	206	249
丹麦	2	5	2	6	9	44	41	26	30	33
西班牙	1	1	—	1	2	38	24	24	14	11
芬兰	1	—	1	1	2	21	20	13	12	13
法国	21	6	8	12	14	114	105	91	71	55
英国	3	15	13	5	6	92	90	75	70	89
匈牙利	—	—	—	—	—	6	7	8	3	8
爱尔兰	—	2	—	—	2	12	24	9	10	7
以色列	1	1	2	6	3	22	33	24	7	4
印度	—	2	2	1	3	13	18	22	13	14
意大利	4	1	2	5	4	56	69	44	42	48
日本	5	6	4	3	1	100	66	64	56	50
韩国	2	1	1	3	3	14	19	25	15	19
卢森堡	—	2	1	1	2	20	25	57	48	59
马耳他	—	2	1	—	—	4	3	6	3	2
荷兰	3	4	3	4	5	64	45	53	43	61
挪威	—	—	—	1	—	7	13	10	11	9
波兰	11	10	8	3	10	26	24	12	21	13
俄罗斯	24	27	23	10	5	31	31	30	49	44
瑞典	4	2	—	1	3	47	38	25	18	28

续表

国家或地区	国家程序					PCT 程序				
	2014年	2015年	2016年	2017年	2018年	2014年	2015年	2016年	2017年	2018年
新加坡	1	—	—	—	2	7	4	7	1	8
斯洛伐克	—	—	—	11	10	1	2	—	2	—
土耳其	—	1	—	1	1	6	16	12	17	8
美国	54	75	64	84	96	621	601	415	429	398
英属维尔京群岛	1	—	—	1	2	1	1	—	1	1
其他	12	5	13	3	8	25	30	30	18	27

附表 1-2 乌克兰各地区居民发明专利申请量（2014—2018 年）

单位：件

地区	2014 年	2015 年	2016 年	2017 年	2018 年
合计	2457	2273	2231	2285	2107
克里米亚共和国	5	7	4	9	5
文尼察	55	50	56	42	36
沃伦州	15	14	9	12	12
第聂伯罗彼得罗夫斯克	274	226	224	236	224
顿涅茨克	94	48	56	64	55
日托米尔	29	21	26	30	32
外喀尔巴阡	55	54	36	54	45
扎波罗热	87	98	99	86	72
伊万诺-弗兰科夫斯克	51	49	48	41	47
基辅地区	76	115	70	94	82
基洛沃格勒	7	13	23	28	35
卢甘斯克	35	19	18	43	17
利沃夫	122	95	105	100	97
尼古拉耶夫	69	34	43	32	24
敖德萨	142	165	158	169	142
波尔塔瓦	23	27	27	24	27
罗夫诺	14	11	6	10	6
苏梅	40	35	14	27	28
捷尔诺波尔	49	21	14	27	26
哈尔科夫	346	344	364	341	282
赫尔松	30	16	20	18	13
赫梅利尼茨基	12	13	14	36	15

续表

地区	2014 年	2015 年	2016 年	2017 年	2018 年
切尔卡瑟	18	14	36	43	18
切尔诺夫策	11	12	10	8	10
切尔尼戈夫	14	9	24	35	21
基辅	780	758	727	676	733
塞瓦斯托波尔	4	5	—	—	1
未分类	—	—	—	—	2

附表 1-3　各技术领域发明专利申请量（2014—2018 年）

单位：件

技术领域		居民申请					非居民申请				
		2014年	2015年	2016年	2017年	2018年	2014年	2015年	2016年	2017年	2018年
合计		2457	2273	2231	2285	2107	2357	2224	1862	1764	1861
电气工程	电机/电器装置/电能	119	104	117	94	78	49	37	55	38	31
	音像技术	11	11	8	12	15		64	5	8	5
	电信	18	20	17	19	8	7	3	3	2	5
	数字通信	6	8	4	11	2	24	23	10	5	12
	基础通信程序	10	9	25	14	9	10	1	3	5	1
	计算机技术	28	41	40	59	20	20	26	17	17	23
	信息技术管理办法	4	2	5	6	10	6	6	10	9	10
	半导体	15	13	7	7	6	3	1	2	0	1
仪器	光学	11	16	12	9	14	6	3	5	2	2
	测量	166	160	145	128	137	39	27	18	26	23
	生物材料分析	43	70	56	52	42	12	13	10	15	8
	控制	47	41	30	26	27	10	10	9	11	10
	医学技术	172	177	209	183	172	42	49	42	29	41

续表

技术领域		居民申请					非居民申请				
		2014年	2015年	2016年	2017年	2018年	2014年	2015年	2016年	2017年	2018年
化学	机精细化学	31	32	50	65	38	268	238	212	181	180
	生物技术	34	26	23	27	20	163	170	152	181	210
	药品	120	109	143	125	102	454	468	378	348	332
	高分子化学/聚合物	23	17	13	21	13	24	29	17	19	24
	食品化学	172	124	101	107	95	103	59	48	57	64
	基础材料化学	71	70	71	68	49	202	240	173	166	147
	材料/冶金	122	98	91	123	70	109	91	95	86	81
	表面加工技术/涂层	47	36	42	36	46	36	33	32	20	31
	微观结构和纳米技术	11	9	6	15	9	2	2	1	2	2
	化学工程	136	110	93	114	85	80	65	44	47	42
	环境技术	49	62	51	57	33	32	30	18	15	17
机械工程	装卸	42	52	59	49	25	88	96	52	85	71
	机床	73	66	91	82	51	29	30	27	22	26
	发动机/泵/涡轮机	99	125	113	108	90	31	38	37	29	20
	纺织和造纸器械	12	15	10	9	23	17	20	16	22	24
	其他专用机械	169	137	132	178	163	89	99	66	70	98
	热工过程和设备	70	74	74	57	51	40	32	37	34	30
	机械元件	67	64	48	70	51	32	21	24	23	26
	运输	87	80	78	98	64	38	24	35	27	38
其他领域	家具游戏	27	28	27	27	15	24	24	26	14	14
	其他消费品	24	26	2	20	14	108	99	119	87	118
	土木工程	120	103	119	104	98	90	73	57	52	50
	其他未分类	201	138	99	105	362	6	8	7	10	44

附表 1-4　各国在乌克兰申请发明专利数量（2014—2018 年）

单位：件

国家	2014 年	2015 年	2016 年	2017 年	2018 年
合计	3319	3014	2813	2590	2469
乌克兰	1702	1516	1277	1224	1203
奥地利	45	49	38	25	19
澳大利亚	10	9	18	7	8
比利时	32	51	37	29	26
保加利亚	2	1	4	1	—
白俄罗斯	1	2	4	1	1
加拿大	14	13	12	12	6
瑞士	139	156	162	153	117
中国	24	21	27	20	15
捷克	5	4	12	10	13
德国	306	239	239	171	190
丹麦	29	23	28	13	21
西班牙	27	24	26	15	13
芬兰	22	20	14	15	6
法国	127	94	114	83	81
英国	76	43	58	50	50
克罗地亚	1	1	—	—	1
匈牙利	16	10	6	6	7
爱尔兰	3	10	8	14	13
以色列	6	5	9	8	18
印度	14	10	15	9	9
意大利	56	41	58	44	37

续表

国家	2014年	2015年	2016年	2017年	2018年
日本	62	81	67	73	37
韩国	17	13	12	11	24
列支敦士登	1	1	2	—	1
卢森堡	20	16	18	19	32
荷兰	31	48	33	46	38
挪威	4	11	4	9	5
波兰	13	14	20	20	16
俄罗斯	65	50	56	27	27
瑞典	20	26	26	25	24
新加坡	9	5	10	1	—
斯洛文尼亚	4	1	1	—	—
斯洛伐克	1	1	2	1	—
土耳其	2	3	3	2	10
美国	348	368	354	407	377
南非	9	6	6	4	—
其他	56	28	33	35	24

附表 1-5　乌克兰各技术领域发明专利申请量（2014—2018 年）

单位：件

技术领域		授权给居民					授权给非居民				
		2014年	2015年	2016年	2017年	2018年	2014年	2015年	2016年	2017年	2018年
合计		1702	1516	1277	1224	1203	1617	1498	1536	1366	1266
电气工程	电机/电气装置/电能	84	42	64	56	51	35	25	46	19	28
	音像技术	8	3	3	8	5	19	18	24	33	14
	电信	22	11	12	9	7	6	6	5	2	2
	数字通信	8	5	5	0	4	30	22	14	17	14
	基础通信程序	30	8	5	9	17	3	5	7	4	—
	计算机技术	30	32	19	29	33	16	10	15	10	17
	信息技术管理办法	1	1	1	2	1	2	1	5	4	1
	半导体	13	9	7	9	4	—	—	3	1	3
仪器	光学	10	6	9	8	9	6	3	3	3	2
	测量	189	120	105	82	89	28	15	26	17	17
	生物材料分析	33	29	34	30	31	5	6	5	4	6
	控制	27	20	30	20	22	10	7	6	4	8
	医学技术	103	132	97	91	100	20	27	33	18	24

续表

技术领域		授权给居民					授权给非居民				
		2014年	2015年	2016年	2017年	2018年	2014年	2015年	2016年	2017年	2018年
化学	有机精细化学	54	40	34	28	29	193	180	176	140	144
	生物技术	22	25	26	15	16	79	65	77	90	108
	药品	93	89	96	68	77	280	311	284	277	243
	高分子化学/聚合物	15	12	11	10	11	23	15	20	17	13
	食品化学	105	127	86	91	86	59	59	57	43	37
	基础材料化学	52	39	41	42	46	160	150	144	141	131
	化学/冶金	103	103	75	81	51	92	77	93	76	53
	表面加工技术/涂层	36	49	36	28	21	23	26	32	30	27
	微观结构和纳米技术	3	6	5	4	8	1	1	2	1	1
	化学工程	83	86	77	60	66	66	59	53	52	28
	环境技术	30	27	32	29	30	26	27	20	14	12
机械工程	装卸	32	23	22	25	26	68	61	43	53	39
	机床	62	49	35	42	62	30	25	28	17	20
	发动机/泵/涡轮机	68	43	53	62	32	29	22	25	15	19
	纺织和造纸器械	12	9	9	8	5	14	18	15	18	8
	其他专用器械	140	127	82	86	102	78	64	58	62	56
	热工过程和设备	40	47	39	37	28	40	28	30	25	20
	机械元件	36	38	32	34	31	34	20	26	18	17
	运输	50	63	37	38	35	20	22	30	17	27
其他领域	家具游戏	9	6	3	13	6	15	21	8	6	9
	其他消费品	9	10	4	10	4	44	45	76	67	70
	土木工程	90	80	51	60	58	63	57	47	51	48
	其他未分类	—	—	—	—	—	—	—	—	—	—

附表 1-6 各国及地区在乌克兰实用新型申请和专利数量

单位：件

国家或地区	申请					专利				
	2014年	2015年	2016年	2017年	2018年	2014年	2015年	2016年	2017年	2018年
合计	9384	8619	9559	9112	9120	9196	8153	9044	9442	8620
乌克兰	9244	8490	9473	8977	8980	9015	8035	8931	9365	8471
阿联酋	—	—	—	—	2	—	—	—	—	—
亚美尼亚	—	—	—	1	—	—	—	—	—	—
奥地利	1	1	5	—	—	3	1	5	—	—
阿塞拜疆	—	1	—	—	—	—	1	—	—	—
比利时	—	—	1	—	—	—	—	1	—	—
保加利亚	2	1	3	1	3	1	—	1	3	—
巴西	1	—	—	—	—	—	—	—	—	—
白俄罗斯	13	11	14	13	8	10	12	13	10	6
加拿大	—	1	—	2	—	—	1	—	—	—
瑞士	1	8	2	—	2	3	4	4	1	—
中国	1	2	1	1	2	2	—	2	2	1
塞浦路斯	15	21	7	28	56	35	11	19	4	51
捷克	4	6	—	2	3	2	4	5	1	—
德国	5	3	3	7	5	16	7	3	2	3
丹麦	—	—	—	—	1	—	—	—	—	1
爱沙尼亚	—	1	7	1	2	—	—	2	4	2
西班牙	2	1	1	—	1	1	—	1	1	—
芬兰	—	—	—	1	1	—	—	1	1	—
法国	1	—	—	—	—	2	1	—	—	—

续表

国家或地区	申请					专利				
	2014年	2015年	2016年	2017年	2018年	2014年	2015年	2016年	2017年	2018年
英国	6	8	6	5	2	1	6	3	2	6
格鲁吉亚	2	—	2	1	—	—	—	—	1	1
希腊	—	—	—	—	1	—	—	—	—	1
匈牙利	—	—	—	1	—	—	—	—	—	—
以色列	—	—	1	—	4	—	—	—	1	4
意大利	2	—	—	2	1	3	2	—	—	2
哈萨克斯坦	—	4	—	1	2	—	1	1	—	2
黎巴嫩	—	—	—	—	1	—	—	—	—	—
立陶宛	—	1	—	—	2	—	—	1	—	—
卢森堡	—	—	—	—	1	—	—	—	1	—
拉脱维亚	—	1	—	1	6	—	—	2	—	1
摩尔多瓦	—	—	—	—	1	1	—	—	—	—
荷兰	4	—	—	—	—	—	3	2	—	—
巴拿马	—	1	—	—	—	1	—	—	—	—
巴基斯坦	—	—	—	—	2	—	—	—	—	2
波兰	2	2	—	6	3	5	1	2	1	7
俄罗斯	71	39	26	39	21	85	47	34	29	38
瑞典	—	1	—	—	—	—	—	1	—	—
新加坡	1	—	—	—	1	1	1	—	—	1
斯洛伐克	—	2	2	3		5	1	1	3	2
叙利亚	—	—	—	1	—	—	—	—	1	—
土库曼斯坦	—	—	1	—	—	—	—	1	—	—
土耳其	1	8	2	3	1	—	3	3	1	6
中国台湾	—	1	—	—	—	—	—	1	—	—
美国	4	3	2	12	5	2	4	2	8	8
英属维尔京群岛	—	1	—	3	—	—	1	1	—	4
南非	1	—	—	—	—	—	2	—	—	—

附表 1-7 乌克兰各技术领域实用新型申请和专利数量（2014—2018 年）

单位：件

技术领域		申请					专利				
		2014 年	2015 年	2016 年	2017 年	2018 年	2014 年	2015 年	2016 年	2017 年	2018 年
合计		9384	8618	9559	9112	9120	9196	8153	9044	9442	8620
电气工程	电机/电气装置/电能	276	209	232	255	240	282	223	214	249	253
	音像技术	69	57	48	28	49	91	67	45	25	44
	电信	56	53	53	66	70	55	47	63	63	60
	数字通信	18	17	22	22	18	22	15	19	24	16
	基础通信程序	114	135	118	151	136	101	133	82	178	173
	计算机技术	140	115	109	141	115	139	108	100	126	118
	信息技术管理办法	34	23	22	19	33	29	17	19	12	21
	半导体	65	57	55	55	44	58	53	57	62	43
仪器	光学	55	31	53	30	30	51	43	48	44	31
	测量	585	555	597	620	548	618	579	547	664	606
	生物材料分析	449	469	1366	918	882	348	362	1328	991	973
	控制	168	162	189	188	195	175	147	168	203	185
	医学技术	1572	1087	1052	968	891	1394	1328	1033	1138	856

续表

技术领域		申请					专利				
		2014年	2015年	2016年	2017年	2018年	2014年	2015年	2016年	2017年	2018年
化学	有机精细化学	117	81	105	95	105	126	87	99	114	126
	生物科技	90	99	72	102	92	103	93	79	104	92
	药品	601	524	578	548	514	598	509	545	638	520
	高分子化学/聚合物	37	45	38	32	33	62	40	34	45	37
	食品化学	536	554	495	555	532	554	486	516	562	530
	基础材料化学	164	279	250	180	183	178	216	258	211	189
	材料/冶金	346	284	225	269	217	380	274	252	251	248
	表面加工技术/涂层	76	79	112	77	76	96	69	94	96	83
	微观结构和纳米技术	20	21	26	30	24	16	19	15	32	30
	化学工程	370	361	335	321	293	393	320	372	304	338
	环境技术	156	164	159	163	164	160	164	155	181	154
机械工程	装卸	199	224	216	258	161	208	192	234	234	210
	机床	357	389	395	346	286	369	334	385	398	307
	发动机/泵/涡轮机	176	187	162	165	134	193	183	175	188	157
	纺织和造纸器械	121	104	91	71	59	108	111	93	91	47
	其他专用器械	612	652	658	732	681	694	605	673	708	777
	热工过程和设备	192	190	214	186	160	228	217	213	225	187
	机械元件	232	220	237	221	189	235	247	187	257	214
	运输	321	281	306	354	289	365	282	284	326	344
其他领域	家具游戏	123	79	93	109	91	143	85	92	111	88
	其他消费品	104	110	121	97	91	101	104	124	113	95
	土木工程	455	414	443	486	453	523	394	442	474	468
	其他未分类	378	307	312	251	1032	—	—	—	—	—

附表 1-8　乌克兰各地区实用新型专利申请数量（2014—2018 年）

单位：件

地区	2014 年	2015 年	2016 年	2017 年	2018 年
合计	9244	8490	9473	8977	8980
克里米亚共和国	34	6	6	22	8
文尼察	819	577	1288	899	844
沃伦州	58	67	84	63	63
第聂伯罗彼得洛夫斯克	681	660	597	724	694
顿涅茨克	329	249	240	266	247
日托米尔	16	37	48	39	62
外喀尔巴阡	75	89	63	84	82
扎波罗热	282	312	317	313	468
伊万诺-弗兰科夫斯克	131	134	125	109	116
基辅地区	163	185	163	151	173
基洛沃格勒	39	56	68	89	69
卢甘斯克	307	163	142	191	127
利沃夫	415	397	404	378	347
尼古拉耶夫	167	112	97	108	147
敖德萨	407	353	345	404	359
波尔塔瓦	248	254	276	252	283
罗夫诺	123	130	162	127	110
苏梅	125	105	124	154	97
捷尔诺波尔	232	215	333	279	293
哈尔科夫	1212	1241	1299	1281	1248
赫尔松	82	100	112	113	90
赫梅利尼茨基	105	77	121	79	105

续表

地区	2014 年	2015 年	2016 年	2017 年	2018 年
切尔卡瑟	100	93	123	118	111
切尔诺夫策	197	141	224	212	175
切尔尼戈夫	39	25	41	41	42
基辅	2844	2708	2667	2472	2613
塞瓦斯托波尔	10	3	3	4	2
未分类	4	1	1	5	5

附表 1-9　各国及地区在乌克兰外关设计申请和专利数量

单位：件

国家	申请					专利				
	2014年	2015年	2016年	2017年	2018年	2014年	2015年	2016年	2017年	2018年
合计	2664	2080	2302	2480	3042	2464	2521	2469	2390	2297
乌克兰	2045	1811	2016	2249	2787	1780	1957	2134	2113	2077
奥地利	1	—	1	2	7	1	1	—	1	4
澳大利亚	—	1	1	—	5	—	—	2	—	4
巴西	5	—	—	1	—	—	—	5	—	1
白俄罗斯	4	5	5	10	4	23	9	2	7	2
伯利兹	8	—	—	—	1	137	179	—	—	—
加拿大	8	—	1	—	6	—	7	—	1	—
瑞士	4	3	6	7	2	2	3	5	8	2
中国	7	10	4	6	5	9	10	11	8	—
塞浦路斯	72	34	10	20	18	69	81	19	11	17
捷克	3	1	—	3	1	—	2	1	2	1
德国	26	4	5	49	3	9	27	6	12	41
爱沙尼亚	—	7	15	—	4	—	—	17	4	—
西班牙	2	—	—	2	3	8	3	—	—	2
芬兰	—	7	2	4	5	4	—	8	5	1
法国	3	5	13	11	16	11	4	12	11	21
英国	12	7	4	9	15	4	10	7	7	8
格鲁吉亚	1	1	—	6	1	1	—	—	2	—
爱尔兰	3	—	—	5	—	—	—	—	5	—
以色列	6	2	—	—	—	1	5	3	—	—

续表

国家	申请					专利				
	2014年	2015年	2016年	2017年	2018年	2014年	2015年	2016年	2017年	2018年
印度	6	4	—	1	1	3	4	6	—	1
意大利	2	7	4	4	5	2	2	5	3	5
日本	19	23	9	12	21	16	16	33	14	15
韩国	4	—	2	—	17	65	4	2	—	5
立陶宛	—	1	—	—	1	—	—	1	—	1
列支敦士登	1	2	1	—	—	—	1	3	—	—
摩尔多瓦	—	1	3	2	—	1	—	1	3	1
荷兰	19	6	2	—	—	—	19	7	1	—
巴拿马	154	—	—	4	—	171	—	—	4	—
波兰	7	12	8	8	6	3	5	7	11	1
俄罗斯	176	67	105	43	62	105	121	83	82	56
瑞典	2	2	65	—	3	—	2	14	53	1
新加坡	4	—	8	—	—	4	1	2	4	—
斯洛伐克	2	—	1	1	—	—	2	—	2	—
土耳其	2	3	1	1	1	8	4	3	2	—
美国	47	45	9	20	26	18	30	64	13	20
其他	9	9	1	0	16	9	12	6	1	10

附表 1-10　乌克兰工业设计专利 LCL 分类（2018 年）

排名	类别	类目	专利	
			数量（件）	占比
1	9	用于商品运输或装卸的包装和容器	351	15. 3%
2	19	文具和办公设备，艺术家和教学材料	295	12. 8%
3	8	工具和五金用具	244	10. 6%
4	32	图形符号和标识、表面模式、装饰	228	9. 9%
5	12	交通运输工具、起重工具	147	6. 4%
6	15	其他类未列入的机器	114	5. 0%
7	6	家具类	83	3. 6%
8	23	流体分配设备、卫生设备、供暖设备、通风设备、空调设备、固体燃料	83	3. 6%
9	11	装饰品类	79	3. 4%
10	2	服装和服饰品类	69	3. 0%
11	10	钟、表以及其他测量仪器，检验和信号仪器	55	2. 4%
12	21	游戏比赛、玩具、帐篷类和体育用品	53	2. 3%
13	13	生产、分配或转换的电力设备	51	2. 2%
14	5	纺织品、人工或天然的板材质品	50	2. 2%
15	7	其他类未列入的家庭用品	50	2. 2%
16	25	建筑和施工构件用品	50	2. 2%
17	1	食品类	49	2. 1%
18	26	照明设备	45	2. 0%
19	24	医疗和实验室设备	42	1. 8%
20	28	药品和化妆品，梳妆用品和器具	27	1. 2%
21	20	广告商业设备、招牌	25	1. 1%
22	14	记录、通信或信息检索设备	21	0. 9%

续表

排名	类别	类目	专利	
			数量（件）	占比
23	3	其他类未列入的旅行用品、包装箱、遮阳伞、私人物品	19	0.8%
24	29	火灾消除、事故预防及救援设备	18	0.8%
25	22	武器、烟火信号弹类、打猎用品、渔具和杀虫具	14	0.6%
26	30	饲养动物的用具	13	0.6%
27	27	烟草和烟民物资品	10	0.4%
28	16	摄影、电影和光学仪器	5	0.2%
29	4	清洁用品	4	0.2%
30	31	其他类未列入的机器和设备准备食物或饮料	2	0.1%

附表 1-11 《海牙协定》国际注册来源（2014—2018 年）

单位：件

国家	2014 年	2015 年	2016 年	2017 年	2018 年
合计	594	622	623	565	506
乌克兰	3	2	4	2	4
奥地利	13	3	10	8	4
比利时	7	11	8	5	11
保加利亚	4	9	9	3	8
瑞士	248	246	187	157	151
塞浦路斯	—	—	6	13	4
中国	—	1	—	—	13
捷克	5	4	12	14	13
德国	84	90	55	45	45
丹麦	1	1	5	2	3
爱沙尼亚	1	—	5	7	1
西班牙	7	9	4	6	5
芬兰	8	2	5	5	4
法国	62	89	145	119	75
英国	7	3	8	5	16
希腊	—	—	2	3	—
克罗地亚	7	3	10	8	6
匈牙利	3	1	—	1	—
意大利	26	41	37	35	36
日本	—	4	5	5	1
韩国	2	—	2	7	2
卢森堡	5	2	2	—	2

续表

国家	2014 年	2015 年	2016 年	2017 年	2018 年
拉脱维亚	2	—	2	—	1
荷兰	29	37	19	11	12
挪威	2	4	1	1	2
波兰	16	7	6	18	16
罗马尼亚	1	4	3	—	2
塞尔维亚	2	1	—	—	1
瑞典	1	2	5	44	18
斯洛文尼亚	1	7	2	6	1
土耳其	18	16	20	10	13
美国	4	10	20	15	25
其他	25	13	24	10	11

附表 1-12　国家程序下商标申请和注册数量（2014—2018 年）

单位：件

国家或地区	申请					注册				
	2014年	2015年	2016年	2017年	2018年	2014年	2015年	2016年	2017年	2018年
合计	18796	24652	29600	30183	30899	14698	12388	13618	15248	15877
乌克兰	15141	21245	26064	26275	27329	11150	9539	11007	1986	13553
阿拉伯联合酋长国	21	21	33	46	40	14	3	19	24	21
亚美尼亚	6	1	7	14	8	7	3	3	3	3
阿根廷	2	8	2	1	3	10	3	4	4	3
奥地利	35	78	57	67	41	53	34	61	40	60
澳大利亚	12	2	—	5	3	3	3	9	2	1
波斯尼亚和黑塞哥维那	1	6	14	—	10	3	1	12	6	2
比利时	13	42	13	15	19	19	5	34	20	4
保加利亚	38	10	5	4	12	5	9	26	9	1
百慕大群岛	2	5	6	—	—	—	2	6	1	6
巴西利亚	8	8	7	6	10	7	7	11	2	7
白罗斯共和国	54	30	17	24	30	27	24	29	9	17
伯利兹城	3	9	21	35	16	33	8	8	7	10
加拿大	41	24	21	27	51	16	29	27	14	9
瑞士	270	297	397	256	263	174	179	189	232	210
智利	5	—	2	1	3	8	3	2	—	2
中国	90	73	125	178	226	133	62	44	44	66
塞浦路斯	535	487	434	644	524	430	373	418	309	288
捷克共和国	13	27	16	15	9	30	16	9	22	10

续表

国家或地区	申请					注册				
	2014年	2015年	2016年	2017年	2018年	2014年	2015年	2016年	2017年	2018年
德国	111	95	118	147	134	132	98	71	82	95
丹麦	14	18	11	16	17	33	15	4	12	11
爱沙尼亚	11	15	72	36	59	8	9	12	8	63
埃及	—	2	6	—	2	1	—	6	—	1
西班牙	30	7	46	61	38	22	32	8	3	24
芬兰	15	11	1	9	4	17	14	6	5	5
法国	64	79	76	66	100	55	63	69	49	51
英国	268	191	211	232	225	215	197	117	164	154
格鲁吉亚	31	22	21	15	13	8	21	9	10	8
希腊	3	3	4	5	4	5	2	2	4	—
中国香港	30	44	46	45	36	36	44	24	33	15
克罗地亚	32	8	2	4	4	15	30	5	4	—
匈牙利	19	10	3	18	16	8	13	7	3	12
爱尔兰	26	18	48	21	24	67	22	14	23	15
以色列	23	26	12	23	30	24	14	37	8	7
印度	204	230	223	178	122	141	124	125	92	110
意大利	17	16	32	34	25	23	27	5	13	29
日本	110	100	69	89	81	179	96	92	95	49
韩国	80	57	104	74	87	59	96	56	38	32
开曼群岛	8	29	28	30	15	4	5	9	15	16
哈萨克斯坦	—	3	2	10	4	—	1	—	2	2
黎巴嫩	1	—	1	—	—	2	1	—	—	1
列支敦斯登	28	16	28	23	20	8	27	4	6	11
斯里兰卡	3	1	4	16	5	6	5	1	2	3
立陶宛	15	19	19	20	36	11	9	14	8	5
卢森堡	20	9	8	10	15	18	7	14	9	4
拉脱维亚	10	7	8	12	16	3	3	5	10	13
摩尔多瓦共和国	7	2	5	6	10	4	8	1	2	2

续表

国家或地区	申请					注册				
	2014年	2015年	2016年	2017年	2018年	2014年	2015年	2016年	2017年	2018年
马其顿	3	2	3	2	4	1	3	—	1	2
墨西哥	6	13	6	8	7	5	6	3	10	3
荷兰	79	71	84	76	49	68	51	58	47	42
挪威	8	—	1		1	3	5	1	1	—
巴拿马	26	10	10	5	3	17	14	12	5	2
波兰	54	59	54	64	76	61	44	41	49	40
葡萄牙	4	6	4	—	1	1	2	6	4	2
罗马尼亚	—	8	6	—	2	—	—	—	4	2
俄罗斯联邦	265	127	147	147	138	359	202	108	99	97
塞舌尔	2	3	4	2	9	14	26	3	5	—
瑞典	10	12	24	19	16	12	16	13	6	29
新加坡	16	17	30	51	11	7	14	13	14	32
斯洛文尼亚	7	—	4	4	12	12	3	3	3	3
斯洛伐克	7	4	16	14	10	2	2	7	5	16
泰国	13	9	10	12	7	10	7	13	2	8
土耳其	29	23	49	62	27	39	35	18	18	28
中国台湾	33	21	15	24	20	34	28	20	12	14
美国	617	737	560	689	640	689	527	590	465	454
英属维尔京群岛	73	31	56	55	31	68	52	35	17	40
南非	3		7	3		7	4	2	1	6
其他	71	88	61	133	96	63	61	37	46	46

附表 1-13 商标申请中指定的 NCL 类别（2018 年）

单位：件

类别索引	类目	合计	居民申请	非居民申请
35	广告；商业经营；商业管理；办公事务	12732（21.8%）	12004（23.4%）	728（10.2%）
41	教育；提供培训；娱乐；文体活动	4653（8.0%）	4360（8.5%）	293（4.1%）
5	药用和兽医用制剂；医用卫生制剂；医用或兽医用营养食物和物质，婴儿食品；人用和动物用膳食补充剂	3035（5.2%）	2011（3.9%）	1024（14.3%）
	咖啡，茶，可可和咖啡代用品；米；食用淀粉和西米；面粉和谷类制品	2464（4.2%）	2202（4.3%）	262（3.7%）
42	科学技术服务和与之相关的研究与设计服务；工业分析与研究	2338（4.0%）	2069（4.0%）	269（3.8%）
43	提供食物和饮料服务；临时住宿	2256（3.9%）	2149（4.2%）	107（1.5%）
9	科学，航海，测量，摄影，电影，光学，衡具，量具，信号，检验（监督），救护（营救）和教学用装置及仪器	2156（3.7%）	1633（3.2%）	523（7.3%）
25	服装，鞋，帽	2080（3.6%）	1910（3.7%）	170（2.4%）
33	含酒精的饮料（啤酒除外）	1837（3.1%）	1624（3.2%）	213（3.0%）
36	保险；金融事务；货币事务；不动产事务	1649（2.8%）	1463（2.9%）	186（2.6%）

续表

类别索引	类目	合计	居民申请	非居民申请
29	肉，鱼，家禽和野味；肉汁；腌渍、冷冻、干制及煮熟的水果和蔬菜；果冻，果酱，蜜饯；蛋	1642（2.8%）	1455（2.8%）	187（2.6%）
37	房屋建筑；修理；安装服务	1628（2.8%）	1503（2.9%）	125（1.7%）
44	医疗服务；兽医服务；人或动物的卫生和美容服务；农业、园艺和林业服务	1611（2.8%）	1523（3.0%）	88（1.2%）
16	纸和纸板，不属别类的纸和纸板制品；印刷品；装订用品；照片；打字机和办公用品（家具除外）	1535（2.6%）	1362（2.7%）	173（2.4%）
3	不含药物的化妆品和梳洗用制剂；不含药物的牙膏；香料，精油	1459（2.5%）	1087（2.1%）	372（5.2%）
38	电信	1336（2.3%）	1137（2.2%）	199（2.8%）
39	运输；商品包装和贮藏；旅行安排	1207（2.1%）	1095（2.1%）	112（1.6%）
32	啤酒；矿泉水和汽水以及其他不含酒精的饮料；水果饮料及果汁；糖浆及其他制饮料用的制剂	1097（1.9%）	946（1.8%）	151（2.1%）
45	法律服务，由他人提供的为满足个人需要的私人和社会服务	1007（1.7%）	921（1.8%）	86（1.2%）
11	照明，加热，蒸汽发生，烹饪，冷藏，干燥，通风，供水以及卫生用装置	789（1.4%）	650（1.3%）	139（1.9%）
28	游戏器具和玩具；不属别类的体育和运动用品；圣诞树用装饰品	771（1.3%）	647（1.3%）	124（1.7%）

续表

类别索引	类目	合计	居民申请	非居民申请
31	谷物和不属别类的农业、园艺、林业产品；活动物；种籽	688（1.2%）	604（1.2%）	84（1.2%）
1	用于工业、科学、摄影、农业、园艺和林业的化学品	654（1.1%）	482（0.9%）	172（2.4%）

附表 1-14　马德里体系下商标申请来源（2014—2018 年）

单位：件

国家或地区	2014 年	2015 年	2016 年	2017 年	2018 年
合计	8484	7969	6005	7634	7752
乌克兰	4	5	2	4	1
阿拉伯联合酋长国	12	4	6	8	11
安提瓜和巴布达	3	2	—	—	—
阿尔巴尼亚	4	2	2	1	—
亚美尼亚	15	7	13	15	20
阿根廷	—	—	2	—	—
奥地利	178	148	123	141	138
澳大利亚	33	41	35	57	50
阿塞拜疆	3	3	2	3	5
波斯尼亚和黑塞哥维那	—	—	2	—	3
巴巴多斯	2	3	—	—	2
比利时	127	144	97	135	100
保加利亚	81	61	32	121	85
百慕大	—	1	3	2	3
巴哈马	1	2	3	—	3
白罗斯	116	105	62	106	90
伯利兹城	10	9	2	4	10
加拿大	7	5	5	1	6
瑞典	652	617	410	501	457
中国	535	513	562	890	1182
哥伦比亚	—	—	2	1	1
古巴	4	—	—	1	3

续表

国家或地区	2014 年	2015 年	2016 年	2017 年	2018 年
库腊索岛	3	5	3	11	5
塞浦路斯	60	84	59	69	55
捷克共和国	162	91	84	60	67
德国	1338	1223	967	965	1100
丹麦	75	68	61	61	53
爱沙尼亚	31	15	8	15	28
埃及	3	4	3	9	3
西班牙	186	156	146	165	163
芬兰	52	51	58	96	88
法国	623	588	545	655	650
英国	256	318	152	179	202
格鲁吉亚	5	23	12	20	11
希腊	21	10	14	15	19
克罗地亚	12	12	6	12	11
匈牙利	162	239	42	63	150
爱尔兰	23	40	32	34	12
以色列	35	25	21	29	37
印度	21	28	23	31	24
伊朗	12	12	6	9	6
冰岛	11	8	1	1	—
意大利	584	510	406	512	518
日本	203	173	118	181	131
吉尔吉斯斯坦	1	1	—	2	1
韩国	71	66	89	96	108
开曼群岛	1	3	1	6	2
哈萨克斯坦	14	15	18	15	23
列支敦斯登	64	24	13	39	24
立陶宛	23	19	13	24	32
卢森堡公国	87	91	91	84	59
拉脱维亚	38	34	25	38	32

续表

国家或地区	2014 年	2015 年	2016 年	2017 年	2018 年
摩洛哥	4	7	2	3	5
摩纳哥	12	8	8	7	14
摩尔多瓦	31	38	35	28	17
黑山共和国	1	5	1	0	8
马耳他	35	7	19	28	5
墨西哥	4	7	0	8	1
荷兰	172	178	133	126	118
挪威	24	21	13	27	18
新西兰	16	9	10	7	2
波兰	156	171	110	189	164
葡萄牙	19	23	37	28	19
罗马尼亚	20	20	20	16	19
塞尔维亚	16	13	24	30	23
俄罗斯联邦	722	523	303	523	557
塞舌尔	—	1	3	1	1
瑞典	56	76	56	60	59
新加坡	28	19	19	45	24
斯洛文尼亚	34	51	33	61	38
斯洛伐克	38	51	31	24	20
圣马力诺	7	3	1	3	1
土耳其	436	362	228	310	233
美国	642	728	503	570	576
乌兹别克斯坦	2	1	2	7	8
英属维尔京群岛	28	29	16	8	7
越南	6	4	5	18	12
其他	11	6	11	20	19

附表 1-15 2018 年乌克兰国家知识产权保护体系运行与发展费用支出

单位：千格里夫纳

费用明细	金额
组织费用，即因审查和授予工业产权保护权而产生的费用	2333766
知识产权保护领域中的信息活动费用	46147
编辑与出版活动的费用	4670
知识产权保护领域中为促进国际合作而产生的费用，组织和参与展览、竞赛和研讨会等而产生的费用	119694
知识产权保护领域中组织员工培训和技能提升而产生的费用	3608
采购许可软件和维护自动化系统费用	56336
合计	2564221